GU RATGEBER KINDER

SIGRID SCHMIDT

Bach-Blüten für Kinder

- Förderung der Entwicklung
- Hilfe bei Notfällen
- EXTRA: Bewährte Mischungen

GU

Inhalt

FLOWER REMEDIES
BEECH
GORSE
HOLLY
STAR OF BETHLEHEM
GENTIAN

Wichtiger Hinweis

Die Bach-Blütenessenzen wirken auf die Psyche des Kindes ein und können daher im Krankheitsfall eine medizinische Versorgung und die Behandlung mit notwendigen Medikamenten nur ergänzen. Ihr wichtigstes Anwendungsgebiet ist die Veränderung von kindlichen Gemütszuständen, die sich in störenden oder schwierigen Verhaltensweisen äußern. So fördern sie die freie Entfaltung und optimale Entwicklung der kindlichen Persönlichkeit.

Bei körperlichen Erkrankungen können Bach-Blüten den Heilungsprozeß unterstützen, die Abwehrkräfte des Kindes stärken und in Notfällen lindernd und beruhigend wirken. Hat sich Ihr Kind jedoch verletzt, leidet es unter einer fiebrigen Erkrankung oder klagt es über Schmerzen, dann suchen Sie bitte zunächst einen Arzt oder Heilpraktiker auf! Das gilt auch für die Beurteilung und Behandlung von schweren Verhaltensstörungen, die meistens fachlicher Hilfe bedürfen.

Beachten Sie hierzu auch den Abschnitt »Grenzen der Selbstbehandlung« und die entsprechenden Hinweise im Text. Jeder Leser ist darüber hinaus aufgefordert, in eigener Verantwortung zu entscheiden, ob und inwieweit die Bach-Blüten für ihn eine Alternative zur Schulmedizin darstellen.

Ein Wort zuvor

In den letzten Jahren muß ich leider beobachten, daß die Zahl der Kinder zunimmt, die unter Ängsten, Unruhe und Unsicherheit leiden beziehungsweise die durch ihr aggressives Verhalten auffallen. Oftmals stehen die Eltern dieser Entwicklung hilflos gegenüber. In solchen Fällen können die Bach-Blütenessenzen eine Hilfe bedeuten – und zwar sowohl für die Kinder als auch für die Eltern. Ihre sanfte Wirkung auf die Psyche – die nicht mit der von Psychopharmaka zu verwechseln ist – wurde vor 60 Jahren von dem englischen Arzt Dr. Edward Bach entdeckt.

Die Erfahrung in der Praxis hat zwei Dinge gezeigt: Einmal, daß die positive Wirkung der Bach-Blüten bei Kindern oftmals erstaunlich ist, und zum anderen, daß es den Eltern häufig schwerfällt, aus den 38 Blütenessenzen die zu Ihren Kindern passenden auszuwählen. Mit diesem Ratgeber möchte ich den Eltern die Auswahl erleichtern, indem ich Zusammenhänge zwischen kindlichem Verhalten und den entsprechenden Blüten beschreibe.

Darüber hinaus möchte ich mit diesem Buch Ihnen, liebe Eltern, Denkanstöße geben und Sie darauf aufmerksam machen, wie groß die Wechselwirkungen zwischen Ihrem Verhalten und dem Ihrer Kinder sind. Wahrscheinlich ist den meisten von Ihnen gar nicht bewußt, wie stark Sie durch Ihr Verhalten, Ihre Ängste und Sehnsüchte Ihre Kinder prägen. Die Auseinandersetzung mit dem Verhalten Ihrer Kinder und die Beschäftigung mit den Bach-Blüten bietet auch Ihnen eine gute Möglichkeit, sich selbst ein bißchen besser kennenzulernen und sich persönlich weiterzuentwickeln.

Wir alle wissen, daß »Elternsein« zu den schönsten und gleichzeitig schwierigsten Aufgaben gehört, die das Leben stellt. Denn Eltern tragen die Verantwortung dafür, daß ihr Kind zu einem psychisch gesunden Menschen heranwächst, der später frei von Komplexen und in Einklang mit sich sein Leben gestalten kann. Die Bach-Blüten können Ihnen bei der Erfüllung dieser großen Aufgabe helfen. Ihnen und Ihren Kindern wünsche ich viel Erfolg dabei!

Sigrid Schmidt

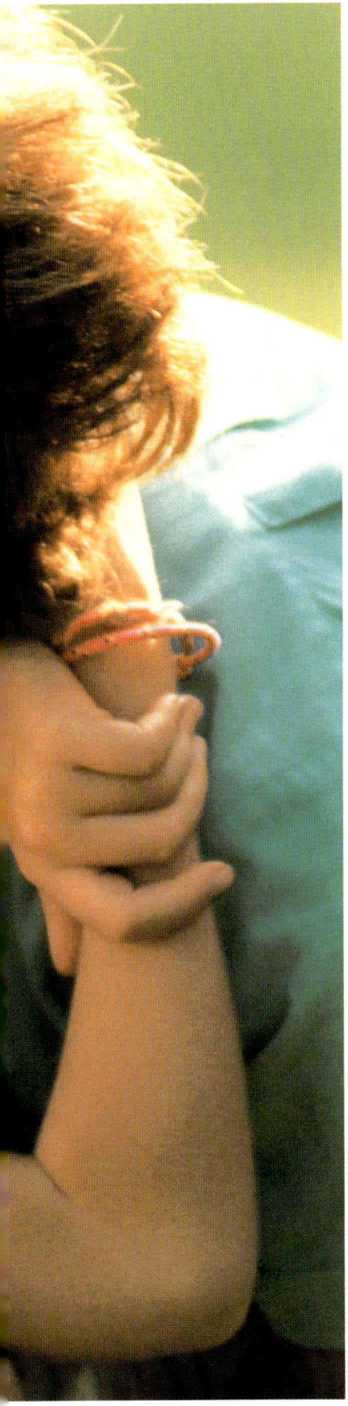

Mit Bach-Blüten zu innerer Harmonie

»Nichts in der Natur kann uns schaden, wenn wir glücklich und in Harmonie sind – im Gegenteil: Die ganze Natur ist da, daß wir uns ihrer erfreuen und Gebrauch von ihr machen.«
Dr. Edward Bach

Die Bach-Blüten unterstützen die elterliche Fürsorge auf ebenso natürliche wie wirkungsvolle Weise. Sie sind eine große Hilfe, wenn es darum geht, die gesunde Entwicklung eines Kindes zu fördern, »Unebenheiten« in seinem Verhalten auszugleichen oder ihm zu helfen, eine Krankheit besser zu überstehen.

Über Bach-Blüten

Besonders gut geeignet für die Behandlung von Kindern

Die Bach-Blütentherapie ist ein natürliches, sanftes Heilverfahren, das uns eine psychische Stabilisierung ermöglicht und damit wirksam körperlichen und seelischen Erkrankungen vorbeugt. Die dabei verwendeten Blütenessenzen sind frei von Nebenwirkungen und können keinen Schaden anrichten. Das macht die Bach-Blüten gerade für die Anwendung bei Kindern so empfehlenswert.
Die Auswahl der Essenzen erfordert keine besonderen medizinischen Kenntnisse, gesunder Menschenverstand und ein sorgfältiges Beobachten Ihres kleinen »Patienten« sind die wichtigsten Voraussetzungen für die richtige Behandlung.

Bach-Blütentherapie

Zum besseren Verständnis möchte ich zunächst Dr. Edward Bach (1886–1936) und die von ihm begründete Heilmethode vorstellen. Dr. Bach war ein englischer Arzt, der sich schon bald nach seiner Ausbildung von den herrschenden Auffassungen der Schulmedizin entfernte. Von 1928 an arbeitete er in einem Krankenhaus mit der klassischen Homöopathie und begann sich bei dieser Behandlungsmethode immer stärker an der psychischen Verfassung seiner Patienten zu orientieren.

Der Gemütszustand wird behandelt

Er schloß aus seinen Beobachtungen, daß nicht die körperlichen Symptome einer Krankheit behandelt werden müssen, sondern der zugrundeliegende Gemütszustand des Kranken, den man aus Gesprächen und Beobachtung seines Verhaltens heraus bestimmen kann.
Von 1930 an widmete sich Bach ganz der Suche nach möglichst naturbelassenen Heilkräften, die direkten Einfluß auf den Gemütszustand der Patienten nehmen sollten.

Bachs Menschenbild

Die sehr philosophischen Gedanken Bachs können hier nur vereinfacht und stark zusammengefaßt wiedergegeben werden. Wenn Sie sich intensiver mit Bachs Lehre auseinandersetzen wollen, empfehle ich Ihnen, seine Originalschriften zu lesen (»Bücher, die weiterhelfen«, Seite 94).
Bachs Auffassung vom Menschen liegt eine tiefe Religiosität zugrunde. Für ihn ist der Mensch ein Wesen mit einer unsterblichen Seele – die er als das höhere Selbst bezeichnet – und einer irdischen Persönlichkeit, die sich zusammensetzt aus einem körperlichen, einem psychischen und einem geistigen Anteil.

Der Lebensplan

Das höhere Selbst, nach Bach an die Einheit des gottgeschaffenen Kosmos angeschlossen, kennt den »Lebensplan« des Menschen. Unter Lebensplan versteht Bach nicht das, was man üblicherweise als Schicksal bezeichnet, sondern den Weg, den ein Mensch in dieser Welt gehen sollte, um sich zu einem möglichst vollkommenen Wesen zu entwickeln. Hierbei spielen Selbstverwirklichung, die Entwicklung der persönlichen Begabungen und die Ausübung des richtigen Berufs eine wichtige Rolle. Jedem Menschen sind außerdem gewisse Stärken und Schwächen als Anlagen in die Wiege gelegt. Sein Ziel sollte es sein, die Schwächen abzulegen und die Stärken zu betonen. Dabei muß jeder einzelne versuchen, etwaige »Untugenden« wie Intoleranz oder Hochmut zu überwinden, um zu einer Harmonie und Weisheit zu gelangen, die er sowohl zu seinem eigenen als auch dem Wohl seiner Mitmenschen einsetzen kann. Kenntnis von diesem Lebensplan kann jeder Mensch über seine sogenannte »innere Stimme« erhalten – man könnte sie auch als Intuition oder Instinkt bezeichnen –, die ihn in entscheidenden Situationen berät und ihm sagt, was gut oder schlecht für ihn ist.

Der Lebensweg ist vorgezeichnet

Abweichungen vom Lebensplan

Laut Bach weiß auch schon ein kleines Kind, ohne dies artikulieren zu können, in seinem Innersten um den Weg, den es im Leben verfolgen sollte. Den Erziehern, also in den meisten Fällen den Eltern,

kommt die heikle Aufgabe zu, die Anlagen und die Wesensstruktur des Kindes zu erkennen und ihre positive Entwicklung auf sanfte Weise zu unterstützen, ohne jedoch *zuviel* Einfluß zu nehmen. Können wir von klein auf unserem Lebensplan unbehelligt folgen, erleben wir inneren Frieden, Freude, Glück und Gesundheit.
Jede Abweichung vom Lebensplan – entweder durch äußere Beeinflussung wie eine einengende Erziehung oder durch das Ignorieren der inneren Stimme – führt jedoch zu Konflikten zwischen dem höheren Selbst und der Persönlichkeit des Menschen. Als Folge davon kommt es zwischen beiden zur Disharmonie und zu Veränderungen im psychischen Bereich, es entstehen Ängste, Unsicherheiten, Haßgefühle – die Bach als »negative Gemütszustände« bezeichnete.

Abweichen vom Lebensplan führt zu negativen Gemütszuständen

Bachs Auffassung von Krankheit

Nach Dr. Bachs Überzeugung entstehen die meisten Krankheiten durch diese Konflikte zwischen höherem Selbst und der Persönlichkeit des Menschen.
Aus dem psychischen Gleichgewicht gebracht, verliert der Mensch die Kraft, sich gegen schädigende Einflüsse zur Wehr zu setzen. Dann können Bakterien und Viren zur Krankheit führen, kalter Wind oder eine üppige Mahlzeit Beschwerden auslösen. Die meisten von uns haben schon erlebt, wie sie in Zeiten persönlicher Krisen plötzlich krank wurden, während in Phasen von Zufriedenheit und Glück die eigene Abwehr besser zu funktionieren scheint.

Bach sagt dazu: »*Nichts in der Natur kann uns schaden, wenn wir glücklich und in Harmonie sind – im Gegenteil: Die ganze Natur ist da, daß wir uns ihrer erfreuen und Gebrauch von ihr machen. Nur wenn wir Zweifel und Niedergeschlagenheit, Unentschlossenheit oder Angst Einlaß gewähren, werden wir äußerlichen Einflüssen gegenüber empfindlich. Deshalb ist die wahre Ursache hinter der Krankheit, worauf es vor allem und allein ankommt: der Gemütszustand des Patienten nämlich und nicht der Zustand seines Körpers.* (Aus »Befreie Dich selbst«, Kapitel 9.)

Krankheit entsteht durch negative Gemütszustände

Bachs Schlußfolgerung, daß die meisten Krankheitsursachen in ungelösten Konflikten und negativen Gemütszuständen zu suchen sind, finden wir heute in der psychosomatischen Medizin bestätigt.

Bachs Therapieansatz

Bei Bach steht die Wiederherstellung der Harmonie zwischen höherem Selbst und Persönlichkeit des Menschen im Mittelpunkt jeder Behandlung. Denn es spielt ja nach seiner Auffassung keine Rolle, wie die körperlichen Symptome einer Krankheit aussehen, allein die dahinter stehende Konfliktsituation, die veränderten Gemütszustände eines Kranken sind zu behandeln: Die körperlichen Symptome gehen danach von selbst zurück.
Zur Behandlung der Gemütszustände stellte Bach Essenzen aus wildwachsenden Pflanzen her, die nach seiner Beobachtung und Erfahrung jeweils ganz bestimmten Gemütszuständen entsprechen (Seite 12). Um zu einer dauerhaften Heilung zu gelangen, sollte nach Bachs Vorstellung der Patient jedoch nicht nur die zum Gemütszustand passende Blütenessenz einnehmen. Er muß auch herausfinden, auf welche Fehler in seinem Verhalten oder in seiner Lebensführung ihn die Krankheit aufmerksam machen will. Diese Fehler gilt es zu überwinden. Genauso wichtig wie die Behandlung der bereits bestehenden Erkrankung war für Bach nämlich die Vorbeugung gegen Krankheit. Er war der Überzeugung, daß wir, wenn wir frühzeitig unsere veränderten, negativen Gemütszustände erkennen und behandeln, zurück zur Harmonie finden und gar nicht erst krank werden.

Wiederherstellung des Gleichgewichts als Basis für die Heilung

▶ Ein Beispiel: Wenn ein Kranker an Magenschmerzen leidet, die von deutlichen Angstzuständen begleitet sind, dann müssen nach Bach die Angstzustände behandelt werden, um die Magenkrankheit zu heilen. Das heißt, die Therapie orientiert sich ausschließlich am Gemütszustand des Kranken, in diesem Fall an der Angst, und kümmert sich nicht um die Magenschmerzen.

Außerdem muß herausgefunden werden, wodurch diese Angstzustände ausgelöst werden. Erwachsene können das, gegebenenfalls unter Anleitung, selbst, Kinder sind dagegen auf die Hilfe der Eltern angewiesen.
Für Sie als Eltern bedeutet das eine doppelte Aufgabe, denn Sie müssen nicht nur erkennen, daß Ihr Kind aus Angst vor der Schule unter Magenschmerzen leidet (ein Zusammenhang, der ihm selbst vielleicht so nicht bewußt ist), sondern Sie sollten ihm hel-

fen, diese Angst und tiefersitzende Unsicherheiten und Versagensängste zu überwinden. Dies bedeutet in der Praxis jedoch sehr häufig, daß die Eltern bereit sein müssen, auch in ihrem eigenen Verhalten und ihrem Umgang mit dem Kind, in den Ansprüchen und Erwartungen, die sie stellen, Fehler zu erkennen und etwas zu ändern (Seite 16).

So wirken Bach-Blüten

Bach-Blütenessenzen sind Heilmittel, die aus den Blüten – im Fall von Chestnut Bud den Blattknospen – wildwachsender Bäume und Sträucher in England hergestellt werden. Dazu werden noch heute die von Dr. Bach entwickelten, besonders schonenden Verfahren eingesetzt. Bezeichnet werden die Bach-Blüten gebräuchlicherweise mit ihren englischen Namen. Wo Sie die Blütenessenzen kaufen können, erfahren Sie auf Seite 76.

Die 38 Bach-Blüten entsprechen verschiedenen Gemütszuständen, zum Beispiel Angst vor Gewitter (Mimulus) oder Neid auf scheinbar erfolgreichere Mitmenschen (Holly). Die Blütenessenzen können einzeln oder in Kombination verwendet werden (Blütenbeschreibungen ab Seite 44).

Einsatz der Bach-Blüten bei akuten Problemen und als langfristige Hilfe

Ein Teil der Blüten ist vor allem bei der Überwindung von Gemütszuständen wirksam, die relativ plötzlich entstehen, zum Beispiel Erschöpfung (Olive). Andere Blüten dienen mehr der Behandlung von schon lange anhaltenden Gemütszuständen, die zum einen durch äußere Einwirkungen entstanden sein können, zum anderen Ausdruck einer gewissen Veranlagung sind. Dazu gehören eine pessimistische Lebenseinstellung (Gentian) oder ein Mangel an Selbstvertrauen (Larch). Diese Veranlagungen können nicht radikal geändert, sondern lediglich abgeschwächt werden. Gleichzeitig werden die positiven Anlagen des Menschen gestärkt.

▶ Beispiel: Clematis ist die Blüte für alle Kinder, die vom Wesen her verträumt und etwas weltfremd sind. Die Einnahme von Clematis kann ihnen helfen, ihre Phantasie praktisch umzusetzen und so ihre positive Seite – die Kreativität – stärker zu entwickeln. Die Blüte kann jedoch nicht so in die Persönlichkeitsstruktur des Kindes eingreifen, daß ein knochentrockener Realist aus ihm wird:

ein gewisser Hang zur Romantik und zur Nachdenklichkeit wird übrigbleiben und ist dann auch in Einklang mit der Persönlichkeit.

Nachweisbarkeit der Wirkung

Bis heute läßt sich allerdings naturwissenschaftlich und medizinisch nicht erklären, wie die Veränderungen des Gemütszustands durch Bach-Blüten möglich sind. Auch mit Hilfe modernster technischer Untersuchungsmethoden lassen sich keine bisher bekannten Wirkstoffe in einer Blütenessenz nachweisen. Ebensowenig können Veränderungen im Stoffwechsel, in der »Chemie des Körpers«, festgestellt werden – wie dies zum Beispiel nach dem Einsatz eines Medikaments sehr wohl der Fall ist. Man weiß also nicht, was im einzelnen bei der Einnahme einer Bach-Blütenessenz geschieht. Wir können nur vermuten, daß die Bach-Blüten, ebenso wie die homöopathischen Hochpotenzen, feinstoffliche Mittel sind, die dem Wesen Mensch Informationen vermitteln, mit denen die beschriebenen Veränderungen in seiner Psyche angestoßen werden. Wichtig ist in diesem Zusammenhang für Skeptiker jedoch der Hinweis, daß ein »Glaube« an die Heilkraft der Blüten von seiten des Patienten nicht nötig ist; denn auch Säuglinge, Bewußtlose, Tiere und sogar Pflanzen können mit Erfolg behandelt werden.

Wirkung auf der feinstofflichen Ebene

Nebenwirkungen – Wechselwirkungen

Das Erfreuliche gleich vorweg: Bisher wurden in den langen Jahren der Anwendung von Bach-Blüten weder im körperlichen noch im psychischen Bereich Nebenwirkungen beobachtet.

Auch Wechselwirkungen mit anderen Medikamenten treten nicht auf, gleichgültig ob es sich um pflanzliche, chemische oder homöopathische Mittel handelt. Die einzige Ausnahme bilden die *homöopathischen Hochpotenzen*, wie sie von Therapeuten in der klassischen Homöopathie nach Hahnemann eingesetzt werden. Bei dieser Therapieform orientiert sich die Auswahl der Mittel ebenfalls an psychischen Symptomen. Mit den so bestimmten homöopathischen Mitteln wird dann gleichermaßen der körperliche und der psychische Zustand Ihres Kindes behandelt. Meistens ist deshalb der gleichzeitige Einsatz von Bach-Blüten nicht sinnvoll. Wenden Sie sich in allen Zweifelsfällen an den homöopathischen Behandler.

Verwandtschaft zur Homöopathie

Über die Behandlung von Kindern

Bach-Blüten eignen sich besonders gut zur Behandlung von Kindern, denn sie reagieren auf die Blütenessenzen noch viel unmittelbarer als Erwachsene, deren Gemütszustände und Verhaltensweisen häufig schon sehr fixiert sind.
Die Anwendung der Bach-Blüten ist allen interessierten Eltern möglich, sofern sie zwei Grundregeln beherzigen:

Kindliches Verhalten gibt Aufschluß über Gemütszustand

1 Anders als bei der Behandlung von Erwachsenen und Jugendlichen können wir bei kleineren Kindern ihre Gemütszustände nicht direkt erfragen, sondern müssen uns meistens an ihrem *Verhalten* orientieren, das uns zur passenden Blüte führt.
Ein eifersüchtiges Kind von 4 Jahren weiß wahrscheinlich noch gar nicht, daß der Gemütszustand, an dem es leidet, von Eifersucht geprägt ist. Es hat einfach das Bedürfnis, das Ziel seiner Eifersucht – die kleine Schwester – zu entfernen, wenigstens aber zu stoßen, zu zwicken oder sonstwie zu ärgern, um seine Gefühle abzureagieren.

Verhalten der Eltern kann die Ursache sein

2 Die zweite Grundregel bei der Behandlung von Kindern ist für die meisten Eltern nicht einfach zu befolgen: Prüfen Sie bitte, bevor Sie schwierige oder auffällige Verhaltensweisen Ihres Kindes behandeln, ob diese nicht ihren Ursprung in Ihrem eigenen Verhalten haben könnten, zumindest aber durch Ihr Verhalten gefördert werden. Da dies ein sehr wichtiger Punkt ist, möchte ich näher auf ihn eingehen.

Besonderheiten bei Kindern

Von akuten Situationen einmal abgesehen, behandeln wir bei Erwachsenen Gemütszustände beziehungsweise aus ihnen resultierende Verhaltensweisen, die meistens schon lange Zeit bestehen. Deshalb wissen wir auch nicht sehr viel über ihre Entstehung, wie groß zum Beispiel die Beeinflussung durch Eltern oder Umgebung auf diese Entwicklung war. Im allgemeinen können wir jedoch davon ausgehen, daß diese Einflußnahme nicht mehr stattfindet. Mit den Bach-Blüten, unterstützt von der aktiven Mitarbeit des zu Behandelnden, können wir die fixierten Gemütszustände auflösen, negative Veranlagungen abschwächen und positive stärken.

Ein offenes Gespräch schafft Vertrauen

Bei Kindern ist die Situation anders. Hier befinden sich viele Gemütszustände noch in der Entwicklung. Auf dem Boden der eigenen Veranlagung entstehen, meist unter unbewußter Mitwirkung der Eltern, bestimmte Gemütszustände beziehungsweise Verhaltensweisen, die behandlungsbedürftig erscheinen (zum Beispiel Streitsucht, Ungeduld, mangelndes Selbstvertrauen).

Kinder brauchen Ihre Hilfe

Damit die Bach-Blüten in dieser Entwicklungsphase wirklich eine dauerhafte Veränderung erreichen, muß eine etwaige negative Einflußnahme der Eltern umgewandelt werden in eine positive Unterstützung der Kinder.

Hier liegt die große Chance und Herausforderung, für Sie, die Eltern: Sie können mit Ihrem Einfluß viel dazu beitragen, daß sich Ihr Kind zu einem zufriedenen und glücklichen Menschen entwickelt.

Das soll nicht etwa heißen, daß man allen Verhaltensweisen freien Lauf lassen und sie kritiklos hinnehmen sollte, aus Angst, psychische Schäden zu verursachen. Gewisse Normen und Grundwerte der Gesellschaft muß eine Erziehung realistischerweise vermitteln. Außerdem gibt es viele Verhaltenstendenzen, die durchaus einer sanften Korrektur bedürfen, wenn sie anderen Menschen oder dem Kind selbst in seiner Entwicklung schaden könnten.
Das Wichtigste am Erziehungsprozeß bleibt, daß Sie Ihr Kind lieben und seine Interessen möglichst selbstlos vertreten. Gelegentlich wird es dabei hilfreich sein, die familiäre Situation mit etwas Abstand zu betrachten und das eigene Verhalten selbstkritisch unter die Lupe zu nehmen.

Die unbewußte Beeinflussung

Es ist leider eine Tatsache, daß die meisten Minderwertigkeits- und Schuldkomplexe, Versagensängste und ähnliche emotionale Probleme in der Kindheit, durch Einwirkung und Beteiligung der Eltern entstehen. Zwar wird jedes Kind mit einer ganz spezifischen Wesensstruktur geboren, mit Stärken und Schwächen, welche die Grundlage für seine persönliche Entwicklung bilden. Doch wie es sich entwickelt, wird maßgeblich vom Umgang der Eltern mit dem Kind beeinflußt. Kein Kind kann sich zu einem selbstbewußten Menschen entwickeln, der sich etwas zutraut, wenn seine Eltern ihm durch Verhalten und Äußerungen ständig signalisieren: »Das schaffst du nicht; ich habe kein Vertrauen in deine Fähigkeiten«. Natürlich handeln Eltern nicht vorsätzlich so, sondern unbewußt. Meist übertragen sie eigene Unsicherheiten und Ängste auf ihre Kinder.

Positive Signale sind entscheidend für die Entwicklung

Unbedachte Äußerungen können schaden

Es hilft einem Kind in keiner Weise, wenn es Sätze hört wie »Dein Vater war auch immer schlecht in Sport« – die negative Erwartungshaltung der Eltern, ihr Sprößling könne also auch nie sportlich werden, überträgt sich fast zwangsläufig auf das Kind. Zurückhalten sollte man sich auch mit allen Äußerungen wie »Mit deinen Haaren ist ja überhaupt nichts anzufangen«, »Schau mal, der Andreas kann das alles schon (und ist viel jünger als du)«, »Was, das soll ein Mensch sein, der hat ja gar keine Arme« (wenn das Kind etwas gemalt hat). Diese Formen von Kritik, auch wenn sie nicht böse gemeint sind, können ein Kind sehr verletzen und, wenn sie häufig auftreten, Minderwertigkeitskomplexe fördern.

Jedes Kind braucht aber nicht nur das Gefühl, geliebt, sondern auch mit seinen Schwächen und Fehlern akzeptiert zu werden. Nur dann kann es das für die psychische Entwicklung so wichtige Urvertrauen ausbilden.

Eltern sollten sich deshalb vor gedankenlosen Äußerungen hüten und ihre Kinder ganz bewußt loben, ermuntern und ihnen auch bei Mißerfolgen das Gefühl vermitteln »Ich glaub an dich, du schaffst das schon.« Das fällt allen Eltern leicht, die ihr Kind als Partner behandeln und respektieren.

Negative und positive Prägung

Übrigens schadet auch »gluckenhaftes« Verhalten, die übertriebene Sorge um ein Kind, oft mehr als wir uns vorstellen. Eltern, die ständig in Angst sind, daß ihre Kinder unters Auto kommen oder sich beim Spielen verletzen, machen im Gegenzug ihre Kinder ängstlich und unsicher. Dem Kind wird so nicht nur die negative Erwartungshaltung (und das entsprechend schwarzseherische Weltbild) der Eltern vermittelt, sondern auch das Gefühl »man traut mir nichts zu«.

Die Kinder spiegeln das Verhalten der Eltern

Genauso haben Sie natürlich auch die Möglichkeit, Ihre Kinder zum Guten zu beeinflussen. Kinder orientieren sich an Vorbildern und lernen von ihnen – im Regelfall sind das die Eltern. Unsere Kinder spiegeln unsere eigene Unruhe und Ungeduld, unsere Aggressionen und Ängste. Aber sie können von uns auch unser Vertrauen in das Schicksal, unsere Standhaftigkeit angesichts von Schwierigkeiten, unsere Freude am Leben übernehmen.

Die gezielte Beeinflussung

Neben der ungewollten und unbewußten Beeinflussung steht die gewollte und gezielte zum Wohle der Kinder, die man gemeinhin unter dem Begriff Erziehung versteht.

Bachs Auffassung von Erziehung

Bach schreibt zum Thema Erziehung: »*... es geht vor allem darum, zu geben und nur zu geben, sanfte Liebe, Schutz und Geleit, bis die Seele die eigene Persönlichkeit selbst lenken kann. Unabhängigkeit, Individualität und Freiheit sollten von Anfang an vermittelt werden und man sollte das Kind anregen, so früh wie möglich damit zu beginnen, selbst zu denken und zu handeln. Die elterliche Kontrolle sollte Schritt für Schritt abgebaut werden, während sich die kindliche Fähigkeit zur Selbstständigkeit entfaltet.* (Aus «Heile Dich selbst«, Kapitel 5.)

Auch wenn diese Sätze etwas weltfremd und unpraktikabel erscheinen, so drücken sie doch sehr schön aus, was eine Erziehung eigentlich sein sollte.

Kinder werden zu lange am Gängelband gehalten

In der Realität sieht es freilich anders aus. Die wenigsten Eltern können diesem Anspruch gerecht werden, teils aus Unwissenheit, teils aufgrund ihrer eigenen Zwänge. Wenn wir uns umschauen, so zeigt sich, daß die meisten Eltern relativ lange Einfluß nehmen auf die Entwicklung des Kindes, oft bis weit über die Pubertät hinaus. Und zwar häufig in einer Weise, die dem Kind kaum Raum läßt für eigenes Denken und Handeln. Dies geschieht aus der Sicht der Eltern zum Besten des Kindes, das nach der üblichen Auffassung eben noch nicht für sich entscheiden kann, was gut ist für seine persönliche Entwicklung.

Das Beste fürs Kind

Doch woher wissen denn die Eltern, was das Beste für ihr Kind ist? Wird ihre Vorstellung vom »Besten für mein Kind« nicht geprägt von unerfüllten Sehnsüchten und verpaßten Chancen des eigenen Lebens, von Moderichtungen und Zeitgeschehen? »Mein Kind soll es einmal besser haben«, unter diesem Motto formen und manipulieren viele Eltern liebevoll und mit besten Absichten – leider nur oftmals in einer Richtung, die an den Bedürfnissen der Kinder vorbeigeht.
Wie viele Kinder besuchen ein Gymnasium, obwohl ihre Leistungen kaum dazu ausreichen? Wie viele Kinder haben nachmittags einen vollen Terminkalender mit Ballettunterricht, Musikstunden, Tennis und so weiter, obwohl sie vielleicht lieber mehr Zeit mit Spielen, Lesen, Musikhören verbringen würden? Es soll hier nicht der Eindruck entstehen, daß Aktivitäten dieser Art grundsätzlich gegen die Bedürfnisse aller Kinder laufen. Aber es gibt doch viele, die sich durch solche Programme überfordert fühlen.

Reaktion der Kinder auf die zu hohen Ansprüche

Kinder reagieren je nach Wesensstruktur und Sensibilität unterschiedlich auf die hohen Ansprüche der Eltern. Einige versuchen die Eltern nicht zu enttäuschen und geraten dadurch unter permanenten Leistungsdruck, der sich in Versagensängsten, Schlafstörungen und ähnlichem äußern kann. Andere Kinder dagegen versuchen die Anforderungen abzuwehren, indem sie aggressiv werden, aktiven oder passiven Widerstand leisten, der sich in Krankheit, Leistungsverweigerung oder auffälligem Verhalten äußert.

Behandeln Sie sich selbst!

Chronische Erkrankungen als Warnsignale

Wenn das Verhalten der Kinder behandlungsbedürftig erscheint, sollten sich die Eltern also grundsätzlich fragen, ob vielleicht *ihr eigenes Verhalten* Ursache oder Auslöser für die Probleme des Kindes ist. Gerade bei chronischen Erkrankungen wie Neurodermitis, Migräne und Asthma besteht der Verdacht, daß das Verhalten der Eltern den »Topf am Kochen« hält, da diese Krankheiten häufig auf dem Boden ungelöster Konflikte gedeihen. Natürlich unbewußt und ohne böse Absicht werden die Eltern zum Verursacher: ihre Hektik, schwelende Partnerschaftskonflikte, ihre eigenen Enttäuschungen und Probleme nimmt das sensible Kind durchaus wahr und fühlt sich dadurch belastet.

▶ Hier ist die gleichzeitige Behandlung der Eltern, möglichst der gesamten Familie unbedingt erforderlich (vergleichen Sie »Bewährte Mischungen«, Seite 79). Es hat auch schon Fälle gegeben, in denen die Kinder keine Bach-Blüten mehr brauchten, nachdem die Eltern sie einnahmen!

Wann ist die Behandlung sinnvoll?

Hier können Bach-Blüten helfen

Sie werden sich nach diesen kritischen Ausführungen vermutlich fragen, wann Sie denn überhaupt Ihr Kind mit Bach-Blüten behandeln dürfen und wie Sie dabei vorgehen sollen. Im folgenden zunächst ein Überblick über die Situationen, in denen Sie Bach-Blüten zum Wohle Ihrer Kinder einsetzen können:

- In Notfällen – bei Verletzungen oder seelischen Schockerlebnissen. Hierfür gibt es eine von Dr. Bach zusammengestellte fertige Mischung, die »Notfalltropfen« (lesen Sie dazu Seite 77).
- Bei akuten Erkrankungen (Husten, Schnupfen, grippale Infekte, Kinderkrankheiten) zur Unterstützung des Heilungsprozesses und der körpereigenen Abwehr,
- bei chronischen Erkrankungen mit starkem psychosomatischen Anteil (Neurodermitis, Asthma),
- bei auffälligen oder schwierigen Verhaltensweisen,
- zur Förderung einer gesunden psychischen Entwicklung und damit auch als Vorbeugung gegen Erkrankungen aller Art.

Bedenken Sie bitte, daß Krisensituationen wie Krankheiten für die Entwicklung eines Kindes oftmals notwendig sind. Die Bach-Blüten sollen nicht der Vermeidung solcher Krisen dienen, sondern die Möglichkeiten des Kindes fördern, an diesen Situationen körperlich und psychisch zu wachsen.

Bitte beachten Sie

Die Bach-Blüten sind keine Mittel, die spezifische körperliche Symptome (zum Beispiel Ohrenschmerzen) im Sinne eines Medikaments bekämpfen. Bei allen akuten fiebrigen Erkankungen oder plötzlich auftretenden Schmerzen sollten Sie mit Ihrem Kind zu einem Arzt oder Heilpraktiker gehen.

Bei akuten Erkrankungen

Fast jeder von uns weiß aus eigener Erfahrung, daß bei einer akuten Erkrankung auch unser Gemütszustand verändert ist. Wenn wir erkältet sind, dann läuft uns zum Beispiel nicht nur die Nase, sondern wir fühlen uns, je nach Veranlagung, eher ungeduldig, reizbar oder ganz und gar bemitleidenswert.
Bei Kindern ist das natürlich genauso und oft noch sehr viel ausgeprägter. Im Gegensatz zum Erwachsenen drücken sie ihren veränderten Gemütszustand noch spontan und unkontrolliert im Verhalten aus, das heißt sie weinen, werden aggressiv oder quengelig. Mit Hilfe der Bach-Blüten können Sie in solchen Situationen Ihrem Kind helfen, die vorliegenden Gemütszustände zu überwinden und sein psychisches Gleichgewicht wiederzufinden. Damit fühlt sich Ihr Kind nicht nur besser, sondern es kann, so gestärkt, auch die akute Erkrankung leichter überstehen.

Harmonisierende Wirkung hilft Erkrankungen überwinden

▶ Für die Behandlung stellen Sie eine individuelle Mischung aus den Blüten zusammen, die Ihnen für den Gemütszustand Ihres Kindes am passendsten erscheinen (das Kapitel »So finden Sie die passenden Blüten«, Seite 24, hilft Ihnen dabei). Sie können, falls das aus irgendeinem Grund nicht möglich ist, aber auch die Notfalltropfen (Seite 77) bei akuten Erkrankungen einsetzen. Dies empfiehlt sich vor allem bei Säuglingen.
Bitte beachten Sie die »Grenzen der Selbstbehandlung« (Seite 23).

Bei chronischen Erkrankungen

Gerade die chronischen, also langandauernden oder immer wiederkehrenden Krankheiten wie Neurodermitis, Asthma und Migräne trotzen oft jeder schulmedizinischen Behandlung.

▶ Hier kann ich den Einsatz von Bach-Blüten empfehlen, wobei für jedes Kind entsprechend seines Gemütszustandes eine individuelle Mischung erforderlich ist (→ »So finden Sie die passenden Blüten«, Seite 24). Da in diesen Situationen Eltern oftmals überfordert sind mit einer Selbstbehandlung Ihres Kindes, sollten Sie Unterstützung bei einem erfahrenen Behandler suchen. Gleichzeitig sollten auch die Eltern Bach-Blüten einnehmen (Seite 19).

Mitbehandlung der Eltern ist oft wichtig

Wenn die Behandlung der Kinder immer nur kurzfristig Besserung bringt, sollten die Eltern ebenfalls Bach-Blüten einnehmen. Gegebenenfalls müssen Sie professionelle Hilfe bei einem Familientherapeuten suchen, um so den Ursachen für die Probleme Ihres Kindes auf die Spur zu kommen.

Bei schwierigen Verhaltensweisen

Die Einschätzung dessen, was bei Kindern »schwierige« Verhaltensweisen sind, ist ausgesprochen subjektiv.
Wer fühlt sich von ihnen gestört: das Kind, die Eltern, die Umgebung? Nahezu jedes Kind hat natürlich auch Wesensmerkmale wie Ungeduld oder Intoleranz, die frühzeitig mit Bach-Blüten behandelt und überwunden werden können, um so seine psychische Entwicklung positiv zu unterstützen. Bloß wer entscheidet, *welches* Verhalten behandlungsbedürftig ist? Wenn zum Beispiel ein Kind durchschnittlich ordentlich ist, die Eltern aber entsprechend ihrer eigenen Prägung geradezu pingelig, dann kann den Eltern etwas als »Mangel« erscheinen, was für das Kind normal und richtig ist.

Was heißt »schwierig«?

Im allgemeinen verstehen wir unter schwierigem Verhalten zum Beispiel gesteigerte Unruhe, Aggressivität, Eigensinn, aber auch Schlaf- und Eßstörungen – *also Benehmen, das den Umgang mit dem Kind erschwert.* In solchen Fällen können die Bach-Blüten Kindern und Eltern wertvolle Hilfe leisten.

Auch bei der Behandlung von Hyperaktivität, Stottern, Bettnässen, Nägelkauen und ähnlichen Störungen können die Bach-Blüten eingesetzt werden, allerdings haben sie dort oft nur lindernde Wirkung und können eine Psychotherapie, sollte sie nötig werden, nicht ersetzen, sondern lediglich unterstützen.

Brauchen auch Sie Bach-Blüten?

Fast jedes Kind zeigt im Laufe seiner Entwicklung vorübergehend Verhaltensweisen, die von den Erwachsenen – insbesondere seinen Eltern – als schwierig oder belastend empfunden werden. Dazu gehören Wutanfälle, Ungehorsam, häufiges Weinen, schlechte Schlaf- und Eßgewohnheiten und dergleichen. Wie gut oder schlecht die Eltern mit diesen Situationen fertig werden, hängt jedoch wiederum wesentlich von ihrer eigenen psychischen Verfassung ab. Deshalb sollten Sie sich bitte, bevor Sie Ihr Kind mit Bach-Blüten behandeln, Gedanken darüber machen, wie *Sie* sich zur Zeit fühlen, ob Sie gerade unter großem psychischem Druck stehen, an Schlafmangel leiden oder überlastet und urlaubsreif sind: In solchen Situationen sind wir oft ungeduldig und leicht reizbar, es stört uns schon die Fliege an der Wand. Vielleicht brauchen dann auch Sie selbst eine Bach-Blütenmischung, um wieder in einen ausgeglichenen Gemütszustand zu kommen, der Sie entspannter und belastbarer macht. Ich empfehle Ihnen nebenstehende Mischung.

Auch die Eltern sind nicht immer belastbar

Bach-Blütenmischung für Eltern gegen Gereiztheit und Ungeduld
Beech: für mehr Toleranz
Chicory: für die Akzeptanz, daß Ihr Kind eine eigene Persönlichkeit hat und diese entwickeln muß
Holly: für mehr Gelassenheit
Impatiens: für mehr Geduld
Olive: für mehr körperliche und psychische Kraft
Red Chestnut: zum Lösen zu enger Bindung an das Kind

Zubereitung und Einnahme Seite 72.

Für eine gesunde psychische Entwicklung

Die Voraussetzung für eine gesunde psychische Entwicklung ist, daß Ihr Kind frühzeitig lernt, Gemütszustände wie Angst, Unsicherheit, Selbstzweifel oder Mutlosigkeit zu überwinden. Nur dann wird es später psychisch intakt und ohne Komplexe durchs Leben gehen können (Seite 10).

Die wichtige Rolle der Eltern bei der Entwicklung des Kindes

Die Eltern haben die ohne Zweifel schwierige Aufgabe, die Eigenheiten ihres Kindes, die es hemmen und behindern könnten, zu erkennen und durch eigenes Verhalten das Kind so zu unterstützen, daß es seine Schwächen so weit wie möglich überwinden kann. Die Bach-Blüten können Eltern wie Kindern bei dieser Aufgabe behilflich sein, da sie in der Lage sind, Gemütszustände positiv zu verändern, so daß aus Angst Mut und aus Unsicherheit Vertrauen in die eigenen Fähigkeiten werden kann.

Grenzen der Selbstbehandlung

Die Bach-Blütenessenzen sind wunderbare Heilmittel, aber kein Zaubertrank. Mit ihrer Einnahme werden in der kindlichen Psyche nur die Veränderungen angestoßen beziehungsweise gefördert, die der positiven Entwicklung der im Kind angelegten Persönlichkeit dienen.
Grundlegende Wesensveränderungen des Kindes lassen sich also mit Bach-Blüten nicht herbeiführen. Das heißt, daß Sie mit den Bach-Blüten aus Ihrem lebhaften Kind kein ruhiges, angepaßtes machen können, wenn die wahre Natur Ihres Kindes lebhaft ist, oder umgekehrt. Sie können auch aus einem weniger intelligenten Kind keinen neuen Einstein machen. Die Bach-Blütenessenzen sind kein Instrument, das Ihre Kinder manipuliert oder sie pflegeleicht macht.

Bitte beachten Sie

Grundsätzlich können Sie durch Verabreichen von Bach-Blüten nichts falsch machen. Aber es gibt zahlreiche Situationen, in denen die Behandlung allein mit Bach-Blüten nicht ausreicht, so bei allen akut fiebrigen oder entzündlichen Erkrankungen, Verletzungen, schweren Verhaltensstörungen und ähnlichem – in diesen Fällen ist zur Diagnose und Behandlung unbedingt ein Arzt oder Heilpraktiker aufzusuchen.

So finden Sie die passenden Blüten

1 Die schnellste Möglichkeit, die passenden Blüten für Ihr Kind auszuwählen, bietet das »Repertorium« am Ende dieses Kapitels. Dabei handelt es sich um eine Zuordnung kindlicher Verhaltensweisen und Gemütszustände zu den Bach-Blütenessenzen, mit denen sie behandelt werden können.

38 Bach-Blütenessenzen stehen zur Wahl

2 Etwas mehr Zeit brauchen Sie, wenn Sie die Blüten anhand der ausführlichen Blütenbeschreibungen (ab Seite 44) aussuchen wollen. Lesen Sie diese am besten in Ruhe der Reihe nach durch und notieren Sie sich dabei, welche Blüte oder Blüten Ihnen am passendsten für das Verhalten Ihres Kindes erscheinen.

3 Eine weitere Möglichkeit der Auswahl wird in Fachkreisen als »intuitives Greifen« bezeichnet und bringt manchmal erstaunliche Resultate, allerdings oft nur bis zum achten oder neunten Lebensjahr. Hierfür brauchen Sie das komplette Set aller 38 Blütenessenzen. Sie ordnen die Fläschchen – die alle gleich aussehen! – auf einem Tisch an und lassen Ihr Kind diejenigen wählen, die ihm spontan am meisten »zusagen«. Die Praxis hat gezeigt, daß Kinder häufig genau nach der Blütenessenz greifen, die sie momentan benötigen.

In allen Notfällen

In akuten Schocksituationen oder im Fall großer körperlicher oder nervlicher Belastung brauchen Sie weder ins Repertorium noch in die Blütenbeschreibungen zu schauen: verwenden Sie als »Erste Hilfe« die fertig gemischten Notfalltropfen (Seite 77).

Aufbau des Repertoriums

Verhalten	Situation	Name der Blüte
Alphabetisch geordnete Begriffe, die das Verhalten Ihres Kindes in einem Wort beschreiben, wie »aggressiv« oder »mißtrauisch«.	Beschreibungen der Situation, in der dies Verhalten beobachtet werden kann, zum Beispiel bei aggressiv »streitet oder schlägt sich viel mit anderen Kindern, wirft mit Gegenständen«.	Namen der Blüte oder Blüten, die zur Behandlung des zugrundeliegenden Gemütszustandes in Frage kommen.

Dabei ist folgendes zu beachten:
Ein »&« zwischen zwei Blüten bedeutet, daß sie zusammen eingenommen werden sollten.
Beispiel: *»launisch – Holly & Scleranthus«:* beide Blütenessenzen sollten für Ihr launisches Kind gemischt werden.

Verschiedene Blüten können zutreffend sein

Werden die Blütennamen durch ein einfaches Komma getrennt, dann kann jede der aufgezählten Blüten für die Behandlung des beschriebenen Verhaltens in Frage kommen.
Beispiel: *»herrschsüchtig – Chicory, Vervain, Vine«.*
In diesem Fall sollten Sie bitte die Beschreibung aller drei Blüten im Kapitel »Die 38 Bach-Blüten« (Seite 44) durchlesen, um entscheiden zu können, welche der drei am besten zum herrschsüchtigen Verhalten Ihres Kindes paßt.

Manchmal fällt auch danach noch die Entscheidung schwer, weil sich die Blüten in ihren charakteristischen Zügen teilweise überlappen. Nehmen Sie dann notfalls die zwei oder drei ähnlichsten. Grundsätzlich kann die Mischung bis zu acht oder neun Blütenessenzen enthalten (Seite 73).

Benutzung des Repertoriums

Um Ihnen den Umgang mit dem Repertorium zu erleichtern, finden Sie im folgenden einige auf tatsächlichen Fällen basierende Übungsbeispiele, die Ihnen zeigen, wie Sie bei der Auswahl der Blüten für Ihr Kind vorgehen können (Zubereitung und Einnahme Seite 72).

Drei Beispiele

Reizbarkeit bei Erkältung

1 Ihr Kind hat eine Erkältung und ist entgegen seiner sonstigen Gewohnheiten weinerlich und reizbar und wirkt ausgesprochen unzufrieden.

Im Repertorium finden Sie folgende Begriffe:

reizbar	wenn ihm etwas nicht zusagt, fängt es sofort an zu schreien oder wird wütend	**Holly & Impatiens**
unzufrieden	mit der augenblicklichen Situation	**Holly & Willow**
weinerlich		**Chicory**

Eine Mischung aus Holly, Impatiens, Willow und Chicory wird Ihrem Kind jetzt guttun.

Ärger in der Schule

2 Ein Mädchen leidet unter Schulstreß, weil es von der Klassengemeinschaft abgelehnt wird. Grund dafür ist sein unkameradschaftliches Verhalten und sein Verlangen, die anderen Kinder in herrischem Ton herumzukommandieren. Dabei ist es sehr ehrgeizig und verträgt schlecht Kritik. Nachts mag es nicht gern im Dunklen schlafen.

Wir stellen zunächst die Stichworte zusammen, die wir für das Verhalten dieses Kindes haben:

unkameradschaftlich	*ehrgeizig*
kommandiert herum	*verträgt schlecht Kritik*
herrischer Ton	*mag nicht im Dunklen schlafen*

Im Repertorium finden Sie folgende Begriffe:

Ehrgeiz	hat zuviel Ehrgeiz	**Larch, Rock Water, Vine**
Kritik	verträgt keine Kritik	**Larch**

Die anderen Verhalten, wie zum Beispiel *kommandiert herum*, finden Sie nur sinngemäß:

beeinflussen	will andere beeinflussen	**Chicory, Vervain, Vine**
herrschsüchtig		**Chicory, Vervain, Vine**

Für *im Dunklen schlafen* schauen Sie vermutlich zunächst unter *schlafen* und finden dort den Verweis auf *einschlafen*:

einschlafen	kann schlecht einschlafen – aus Angst vorm Dunklen	**Aspen**

Zur Behandlung des Mädchens kommen also zunächst folgende Blüten in Frage:
Larch – Rock Water – Vine – Chicory – Vervain und Aspen.

Mit Blütenbeschreibung vergleichen

Die Eltern müßten sich jetzt die Zeit nehmen, die kurzen Beschreibungen dieser Blüten durchzulesen (in alphabetischer Reihenfolge ab Seite 44 zu finden).
Grundsätzlich können für das Kind alle sieben Blütenessenzen in Frage kommen. Im Originalfall brauchte das Mädchen eine Mischung aus den vier Essenzen Aspen, Larch, Rock Water und Vine.

3 Ein Junge ist extrem unruhig, ärgert permanent das jüngere Geschwister, kann sich nur wenige Minuten mit einer Sache beschäftigen, fängt ständig etwas Neues an. Nachts erwacht er schreiend und ist durch nichts zu beruhigen. Er strahlt einerseits große Aggressivität, andererseits Unsicherheit und Ängstlichkeit vor allem Unbekannten gegenüber aus.

Die Liste der beobachteten Verhaltensweisen sieht so aus:
unruhig
ärgert jüngeres Geschwister
mangelnde Ausdauer
Ein Bündel individueller Verhaltensweisen *Schlafstörung (durch das nächtliche Erwachen)*
Aggressivität
Ängstlichkeit vor Unbekanntem
Unsicherheit

Im Repertorium finden Sie dazu:

unruhig		**Impatiens**
ärgern	– ärgert gern andere	**Holly**
Ausdauer	ihm fehlt Ausdauer, weil ... (hier gibt es verschiedene Möglichkeiten) – es zu hektisch ist, um sich ruhig mit einer Sache zu beschäftigen – es sich leicht ablenken läßt – ihm schnell langweilig wird	 **Impatiens** **Agrimony, Scleranthus** **Agrimony, Wild Oat**
Schlafstörungen	→ Alpträume	
Alpträume	erwacht nachts schreiend	**Aspen & Cherry Plum & Mimulus & Rock Rose & Star of Bethlehem**
aggressiv	streitet oder prügelt sich viel mit anderen Kindern, wirft mit Gegenständen	**Holly**
Angst	Grundblüte für Angst (für alle Mischungen) – Angst vor Unbekanntem	**Mimulus** **Aspen**
unsicher		**Cerato, Larch, Scleranthus**

Zur Behandlung des Jungen kommen also zunächst all diese Blüten in die engere Wahl:
Impatiens – Holly – Scleranthus – Agrimony – Wild Oat – Mimulus und die Mischungen Aspen & Cherry Plum & Mimulus & Rock Rose & Star of Bethlehem und Cerato & Larch.

Wie wählen wir jetzt die richtigen aus?

Empfohlene Mischungen dienen als Grundlage

Als Grundlage sollten die unter »Alpträume« genannten Blütenessenzen verwendet werden, da diese schon eine feste Mischung darstellen, also Aspen – Cherry Plum – Mimulus – Rock Rose und Star of Bethlehem.
Dann schauen Sie, welche Blüten besonders eindeutig einem bestimmten Verhalten zugeordnet werden, also die einzigen sind, die für eine Behandlung in Frage kommen – im vorliegenden Beispiel sind das Holly und Impatiens.
Die Kombination Aspen & Mimulus für »Angst vor Unbekanntem« ist bereits in unserer Grundmischung enthalten, muß also nicht gesondert berücksichtigt werden.
Jetzt wäre noch zu prüfen, ob Agrimony – Scleranthus – Cerato – Larch und Wild Oat als weitere Blüten in Frage kommen. Dazu müßten die Eltern wieder die Beschreibungen dieser Blüten (ab Seite 44) durchlesen und die zutreffendsten auswählen.
Im Zweifelsfall ist eine Blütenessenz mehr besser als eine zuwenig!

In unserem Beispiel enthielt die Mischung des Jungen folgende acht Blütenessenzen:
Agrimony, Aspen, Cherry Plum, Holly, Impatiens, Mimulus, Rock Rose und Star of Bethlehem.

Verhalten	Beschreibung des Verhaltens	Blüten
abkapseln	zieht sich bei Kummer in sich selbst zurück	**Clematis, Honeysuckle, Wild Rose**
Ablehnung	→ Angst vor Ablehnung	
ablehnend	reagiert Fremden oder Unbekannten gegenüber mit Ablehnung	**Beech**
Ablenkung	läßt sich leicht beim Spielen oder Lernen ablenken	**Agrimony, Scleranthus**
abwesend	wirkt geistig abwesend, hört nicht richtig zu	**Clematis, Honeysuckle, White Chestnut**
aggressiv	streitet oder prügelt sich viel mit anderen Kindern, wirft mit Gegenständen	**Holly**
albern	– ist ständig überdreht – benimmt sich wie ein Baby – Pausenclown in der Schule	**Agrimony** **Heather** Behandlungsvorschlag → Seite 90
allein	mag nicht alleine spielen oder bleiben	**Agrimony, Chicory, Heather**
Alpträume	erwacht nachts schreiend	**Aspen & Cherry Plum & Mimulus & Rock Rose & Star of Bethlehem**
altklug	benimmt sich und redet wie ein Erwachsener	**Beech, Vine**
Anerkennung	will ständig gelobt werden	**Larch**
angeben	→ Geltungsbedürfnis	
angepaßt	verhält sich möglichst unauffällig, neigt zum Duckmäusertum	**Centaury, Larch**
Angst	Grundblüte für Angst (für alle Mischungen) – panische Angst, mit Zittern, Schreien – Angst vor Unbekanntem – vor neuen Situationen, Wechseln, Reisen – Angst, von anderen ausgelacht zu werden – etwas falsch zu machen – Angst vor der Schule – Angst, etwas nicht zu schaffen, zu versagen – Angst vor dem Alleinsein – Angst, daß Eltern oder Freunden etwas zustößt – Angst vor Ablehnung	**Mimulus** **Rock Rose** **Aspen** **Mimulus** **Larch** **Larch, Pine** Behandlungsvorschlag → Seite 86 **Larch** **Agrimony, Red Chestnut** **Red Chestnut** **Centaury, Larch**

Verhalten	Beschreibung des Verhaltens	Blüten
antriebslos	→ Motivation	
apathisch		**Clematis, Honeysuckle, Mustard, Olive, Wild Rose**
ärgern	– ärgert gern andere – ärgert sich über Kleinigkeiten	**Holly** **Beech, Willow**
aufgeben	gibt schnell auf, wenn etwas nicht klappt	**Gentian & Larch**
aufgeregt	gerät leicht »aus dem Häuschen«	**Gentian & Larch & Mimulus**
Aufmerksamkeit	will ständig im Mittelpunkt stehen → unkonzentriert	**Heather**
aufdringlich	läßt andere nicht in Ruhe, lästig durch sein Verhalten oder dauerndes Reden	**Chicory, Heather, Vervain, Vine**
aufschieben	neigt dazu, Arbeiten oder wichtige Entscheidungen vor sich herzuschieben	**Hornbeam, Larch, Mimulus, Scleranthus**
Ausdauer	ihm fehlt Ausdauer, weil: – es schnell aufgibt, wenn es schwierig wird – ihm schnell langweilig wird – es sich leicht ablenken läßt – es zu hektisch ist, um sich ruhig mit einer Sache zu beschäftigen – es schnell ermüdet	 **Gentian & Larch** **Agrimony, Wild Oat** **Agrimony, Scleranthus** **Impatiens** **Hornbeam, Olive, Wild Rose**
ausnutzen	– läßt sich von anderen ausnutzen – nutzt andere aus	**Centaury** **Heather, Vine**
beeinflussen	– läßt sich leicht von anderen überreden – kann nichts ablehnen – will andere beeinflussen	**Agrimony, Cerato, Scleranthus, Walnut** **Centaury, Larch** **Chicory, Vervain, Vine**
beißen	beißt aus Wut andere Kinder	**Holly**
beklagen	– beklagt sich über Ungerechtigkeiten oder schlechte Behandlung durch andere – beklagt sich, daß sich niemand kümmert	**Willow** **Chicory**
belehrend	weiß alles besser	**Vervain, Vine**
beleidigt	fühlt sich schnell von anderen beleidigt	**Chicory, Willow**
Benachteiligung	fühlt sich leicht benachteiligt	**Chicory, Willow**

Verhalten	Beschreibung des Verhaltens	Blüten
berechnend	– schaut immer auf seinen Vorteil – manipuliert andere	**Heather** **Chicory, Vervain, Vine**
beschäftigen	– kann sich nicht alleine beschäftigen – ständiger Beschäftigungsdrang – beschäftigt sich am liebsten alleine	**Agrimony, Chicory, Heather** **Agrimony, Impatiens** **Water Violet**
besitzergreifend	versucht Menschen oder Dinge für sich zu vereinnahmen	**Chicory**
besorgt	→ Angst	
besserwisserisch	– korrigiert gern andere – will angeben	**Vervain, Vine** **Heather & Larch**
Bett	will abends nicht ins Bett → einschlafen	
Bevormundung	gängelt gern Geschwister, andere Kinder	**Chicory, Vine, Vervain**
Bewegung	– kann nicht stillsitzen, ist immer in Bewegung – bewegt sich ungern	**Cherry Plum & Impatiens & Scleranthus** **Clematis, Mustard, Olive**
bockig		**Vine**
boshaft		**Holly & Willow**
depressiv	hängt traurig und antriebslos rum	**Mustard**
destruktiv	neigt dazu, Spielsachen kaputtzumachen	**Holly**
dominant	→ beeinflussen	
durchsetzen	– kann sich schlecht durchsetzen – will immer seinen Willen durchsetzen	**Centaury, Larch** **Vine, Vervian**
durchhalten	→ Ausdauer	
egoistisch		**Chicory, Heather**
Ehrgeiz	– hat zuviel Ehrgeiz – hat zuwenig Ehrgeiz	**Larch, Rock Water, Vine** **Clematis, Wild Rose**
eifersüchtig		**Holly**
eigensinnig		**Oak, Vine**
einschlafen	kann schlecht einschlafen (Grundblüte für alle Mischungen) – aus Angst vor einer Schulaufgabe	**White Chestnut** **Larch & Mimulus**

Verhalten	Beschreibung des Verhaltens	Blüten
einschlafen (Fortsetzung)	– aus Angst vorm Dunklen – aus Angst vor »Monstern« – weil es lieber in Ihrer Gesellschaft bleibt – weil es zu aufgeregt ist – durch innere Unruhe – beim Säugling	**Aspen** **Aspen & Mimulus** **Chicory, Heather** **Vervain** **Impatiens** Behandlungsvorschlag → Seite 80
Einzelgänger	ist eigenbrötlerisch, gern allein	**Water Violet**
eitel		**Heather**
Ekel	ekelt sich leicht vor Schmutz, Spinnen usw.	**Crab Apple**
empfindlich	→ überempfindlich	
entmutigt	– ist leicht entmutigt – vor besonderen Aufgaben	**Gentian & Larch** **Elm**
entscheiden	kann sich schlecht entscheiden	**Cerato, Larch, Scleranthus, Wild Oat**
entschuldigen	entschuldigen fällt ihm schwer	**Vine, Water Violet, Willow**
enttäuscht	ist schnell enttäuscht	**Chicory, Gentian, Willow**
erschöpft	wirkt müde und lustlos	**Hornbeam, Oak, Olive**
faul	→ Motivation	
feige		**Larch, Mimulus**
flatterhaft		**Scleranthus**
Fehler	macht häufig Flüchtigkeitsfehler	**Chestnut Bud & Impatiens**
Fragen	fragt Ihnen »Löcher in den Bauch«	**Cerato**
Freunde	findet schwer Freunde, weil: – es zu flatterhaft ist – es immer bestimmen will, alles besser weiß – es zu scheu ist – es zuviel kritisiert	 **Scleranthus** **Vervain, Vine** **Larch, Mimulus, Water Violet** **Beech**
frustriert	→ enttäuscht	
furchtsam	→ Angst	
gehässig		**Holly**

Verhalten	Beschreibung des Verhaltens	Blüten
gehemmt	kann anderen nicht frei gegenübertreten	**Larch, Mimulus, Water Violet**
gehorchen	– gehorcht nicht – hält sich nicht an Abmachungen	**Vine** **Scleranthus**
Geltungs-bedürfnis		**Chicory, Heather, Larch**
geschwätzig	redet dauernd	**Agrimony, Heather**
gewissenhaft	– ist zu gewissenhaft – ist zu wenig gewissenhaft	**Oak, Pine, Rock Water** **Chestnut Bud, Scleranthus**
grausam		**Holly & Vine**
gutmütig	zu nachgiebig anderen gegenüber	**Centaury**
heimwehkrank		**Honeysuckle**
hektisch		**Impatiens**
herrschsüchtig		**Chicory, Vervain, Vine**
hochmütig		**Water Violet**
hysterisch		**Cherry Plum, Chicory, Rock Rose**
interesselos	hat an nichts Spaß – vor lauter Kummer – weil es zu müde und erschöpft ist	**Wild Rose** **Mustard** **Olive**
intolerant	findet alle und alles »doof«	**Beech**
kindlich	benimmt sich zu babyhaft für sein Alter	**Heather**
klammert	hängt nur an Ihrem Rockzipfel	**Chicory**
konfliktscheu	versucht Streit um jeden Preis zu vermeiden	**Agrimony, Centaury**
Konzentration	→ unkonzentriert	
Kritik	– verträgt keine Kritik – kritisiert gerne andere	**Larch** **Beech**
Kummer	wirkt traurig und bekümmert	**Mustard, Star of Bethlehem**

Verhalten	Beschreibung des Verhaltens	Blüten
labil	ist sehr sprunghaft	**Scleranthus**
Lampenfieber	 – vor einer Prüfung	**Gentian & Impatiens & Larch & Mimulus** Behandlungsvorschlag → Seite 89
langsam	erledigt seine Aufgaben sehr langsam, weil – es zu müde ist – es leicht abgelenkt ist – keine Lust hat – es zu genau ist	 **Hornbeam, Olive** **Agrimony, Scleranthus** **Mustard, Olive, Wild Rose** **Crab Apple, Rock Water**
Lärm	kann keinen Lärm vertragen	**Mimulus**
Laune	häufig schlechter Laune	**Mustard, Willow**
launisch		**Scleranthus & Holly**
laut	macht viel Krach	**Holly, Impatiens, Vervain**
leichtgläubig	läßt sich leicht von anderen etwas vormachen oder einreden	**Cerato**
leichtsinnig		**Chestnut Bud**
Lern-schwierigkeiten		Behandlungsvorschlag → Seite 87
liebebedürftig	starkes Verlangen nach Zuneigung	**Chicory, Heather**
Lob	möchte immer, daß man es lobt	**Centaury, Larch**
lügen	schwindelt öfters – aus Angst vor Strafe – um Konflikten auszuweichen – um sich interessant zu machen	**Agrimony** **Mimulus & Pine** **Agrimony** **Heather**
lustlos	→ Motivation	
mäkeln	hat an allem etwas auszusetzen	**Beech**
Minderwertig-keitsgefühle	 – traut sich nichts zu, hat Angst zu versagen – glaubt es nicht gut genug zu machen	 **Larch** **Pine**
mißtrauisch	– aufgrund schlechter Erfahrungen – aus Angst – aus einer negativen Grundeinstellung heraus	**Honeysuckle & Star of Bethlehem** **Mimulus** **Gentian, Holly, Willow**

Verhalten	Beschreibung des Verhaltens	Blüten
Mittelpunkt	will immer im Mittelpunkt stehen	**Chicory, Heather**
Motivation	ihm fehlt Motivation – wegen Erschöpfung und Müdigkeit – wegen mangelndem Zutrauen in die eigene Leistung – wegen mangelndem Interesse – »weil es sowieso nicht klappt«	 **Hornbeam, Olive, Wild Rose** **Larch** **Clematis, Honeysuckle, Mustard** **Gentian**
müde	wird schnell müde	**Hornbeam, Olive, Wild Rose**
mutlos	→ entmutigt	
nachgiebig	– weil es sich unsicher fühlt – weil es Angst vor anderen Kindern hat – weil es keinen Streit möchte	**Centaury, Cerato, Larch** **Larch & Mimulus** **Agrimony**
nachtragend	vergißt kein ihm zugefügtes Unrecht	**Honeysuckle & Willow**
neidisch		**Holly**
nervös		**Agrimony, Impatiens, Larch, Mimulus**
nörgelt	→ mäkeln	
ordnungsliebend	→ pingelig	
Pausenclown	bringt Unruhe in die Klasse	**Agrimony**
pedantisch		**Crab Apple, Rock Water, Vine**
perfektionistisch	alles muß 100prozentig sein	**Crab Apple, Pine, Rock Water**
petzen		**Willow**
phantasielos	weiß nicht, wie es sich beschäftigen soll	**Heather**
pingelig		**Crab Apple**
Prüfungsangst		Behandlungsvorschlag → Seite 89
pessimistisch	erwartet immer das Negative	**Gentian**

Verhalten	Beschreibung des Verhaltens	Blüten
quengelig		**Heather & Impatiens**
rachsüchtig		**Holly & Willow**
redet zuviel	→ geschwätzig	
reizbar	wenn ihm etwas nicht zusagt, fängt es sofort an zu schreien oder wird wütend	**Holly & Impatiens**
rücksichtslos		**Holly, Impatiens, Vine**
ruhelos	→ unruhig	
rotwerden	neigt zum Erröten	**Larch, Mimulus**
schadenfroh		**Beech, Holly**
schlafen	→ einschlafen	
Schlafstörungen	→ Alpträume – beim Säugling – schlafwandeln	 Behandlungsvorschlag → Seite 80 **Aspen**
schlagen	schlägt andere Kinder	**Holly, Vine**
schlampig	→ unordentlich	
Schmutz	ist überempfindlich gegen Schmutz	**Crab Apple**
schreckhaft		**Aspen, Clematis**
schreien	→ weinen, → laut	
schüchtern		**Centaury, Larch, Mimulus, Water Violet**
Schuld	– schiebt gern die Schuld auf andere – sucht die Schuld immer zuerst bei sich	**Willow** **Pine**
schusselig	– weil leicht ablenkbar – weil immer zu schnell – weil es vor sich hin träumt	**Scleranthus, Agrimony** **Impatiens** **Clematis**
Schulstreß		Behandlungsvorschlag → Seite 86
Selbstmitleid	zerfließt vor Selbstmitleid	**Chicory, Willow**
Selbstvertrauen	traut sich nichts zu	**Larch**
sensibel	Ihr Kind ist übermäßig empfindsam	**Aspen, Clematis**

Verhalten	Beschreibung des Verhaltens	Blüten
spielen	– mag nicht alleine spielen – nimmt anderen das Spielzeug weg	**Agrimony, Chicory, Heather** **Holly & Vine**
Spontaneität	spontane Reaktionen fallen ihm schwer	**Cerato, Rock Water**
sprechen	spricht zu schnell, verhaspelt sich	**Impatiens & Vervain**
stillsitzen	→ »Zappelphilipp«	
Stottern		Behandlungsvorschlag → Seite 85
streitsüchtig	– neigt allgemein zum Streiten – streitet sich mit Geschwistern	**Beech, Holly** Behandlungsvorschlag → Seite 91
stur	ist durch nichts zu beeinflussen	**Oak, Vine**
teilnahmslos	→ apathisch	
Temperament	hat ein überschäumendes Temperament	**Impatiens, Vervain**
traurig	→ unglücklich	
träge	→ Bewegung	
trotzig	– ohne erkennbare Ursache – aus verletzten Gefühlen heraus – aus Verbitterung – weil es sich nicht verstanden fühlt – Trotzphase beim Kleinkind	**Holly** **Holly & Star of Bethlehem** **Holly & Willow** **Chicory & Holly** Behandlungsvorschlag → Seite 84
tyrannisch		**Vine**
überdreht	ist in den unpassendsten Momenten albern	**Agrimony**
überempfindlich	– Kritik gegenüber – Mißerfolgen gegenüber – bei mangelnder Beachtung – Lärm gegenüber – geringe Toleranz gegenüber Schmerzen	**Larch, Pine** **Gentian** **Chicory, Heather** **Mimulus** **Beech & Impatiens**
unaufmerksam	→ unkonzentriert	
unausgeglichen		**Scleranthus**

Verhalten	Beschreibung des Verhaltens	Blüten
unbeholfen	– wirkt hölzern – ist unpraktisch	**Larch, Water Violet** **Clematis**
unehrlich	→ lügen	
unentschlossen		**Centaury, Scleranthus, Wild Oat**
Unfall	leidet an den Folgen eines Unfalls	**Star of Bethlehem**
ungeduldig		**Impatiens**
unglücklich	– fühlt sich im Stich gelassen, zurückgesetzt – es hat etwas verloren, an dem sein Herz hing – traurig, weiß aber nicht, warum – fühlt sich nicht genügend beachtet – **hat** Kummer wegen Familienproblemen – fühlt sich nicht genügend akzeptiert	**Chicory, Willow** **Red Chestnut & Star of Bethlehem** **Mustard** **Heather** **Sweet Chestnut & Star of Bethlehem** **Larch & Star of Bethlehem**
unkonzentriert	kann sich schlecht konzentrieren, weil: – seine Gedanken auf eine Sache fixiert sind – es sich leicht ablenken läßt – es vor sich hin träumt – es zu müde zum Lernen ist – es zu hektisch ist – es Kummer hat	 **White Chestnut** **Agrimony, Scleranthus** **Clematis, Honeysuckle** **Hornbeam, Olive** **Impatiens** **Mustard, Star of Bethlehem**
unordentlich	verbreitet überall Chaos	**Chestnut Bud, Clematis**
unpraktisch	hat zwei linke Hände	**Clematis**
unruhig		**Impatiens**
unselbstständig		**Centaury, Cerato, Larch**
unsicher		**Cerato, Larch, Scleranthus**
unterdrücken	versucht ständig andere zu unterdrücken	**Chicory, Vine**
unvorsichtig	im Umgang mit Fremden oder im Straßenverkehr	**Chestnut Bud, Clematis**
unzufrieden	– mit der augenblicklichen Situation – mit anderen – mit sich selbst	**Holly & Willow** **Beech** **Pine, Larch, Oak**
unzuverlässig		**Scleranthus**

Verhalten	Beschreibung des Verhaltens	Blüten
vergeßlich	– aus mangelndem Interesse – aus mangelnder Aufmerksamkeit – nur bei unangenehmen Dingen	**Clematis, Olive, Wild Rose** **Chestnut Bud, White Chestnut** **Agrimony**
verletzlich	ist durch negative Äußerungen leicht aus dem Gleichgewicht zu bringen	**Chicory, Larch, Willow**
Verletzungen	– verletzt sich leicht – Unfallfolgen	**Chestnut Bud, Clematis** **Star of Bethlehem** Notfalltropfen → Seite 77
verlieren	verliert leicht seine Sachen	**Chestnut Bud**
verschlossen		**Water Violet**
verträumt		**Clematis, Honeysuckle**
vertrauensselig		**Heather**
vorlaut		**Impatiens & Vervain**
vorsichtig	ist übervorsichtig und ängstlich	**Larch, Mimulus**
wählerisch		**Crab Apple**
warten	kann nicht warten → ungeduldig	
wechselhaft	wechselt ständig Ansichten oder Stimmungen	**Scleranthus**
weinen	– scheinbar grundlos – aus konkreter Angst – aus Verzweiflung – aus Wut und Zorn – sofort, wenn die Mutter weg ist – aus Kummer – wenn es seinen Willen nicht bekommt – hysterisch	**Aspen & Mimulus** **Mimulus** **Star of Bethlehem & Sweet Chestnut** **Holly** **Chicory & Mimulus & Red Chestnut & Walnut** **Star of Bethlehem & Sweet Chestnut** **Vervain, Vine** **Cherry Plum**
weinerlich		**Chicory**
willensschwach		**Centaury, Gentian, Larch**
Wutausbrüche	– ohne erkennbaren Grund – aus Ungeduld, weil etwas nicht gleich klappt – aus Aggression, tiefsitzendem Zorn	**Cherry Plum** **Impatiens** **Holly**

Verhalten	Beschreibung des Verhaltens	Blüten
zaghaft	→ schüchtern	
»Zappelphilipp«		**Cherry Plum & Impatiens & Scleranthus**
Zähneknirschen	knirscht nachts mit den Zähnen	**Agrimony, Vine**
zerstreut		**Clematis, Honeysuckle, White Chestnut**
zögerlich	traut sich keine eigenen Entscheidungen zu	**Cerato & Larch**
zornig		**Holly**
zuhören	kann anderen Leuten nie richtig zuhören	**Heather**
Zuneigung	– lehnt Zärtlichkeiten ab – verlangt ständig nach Zuneigung	**Water Violet** **Chicory, Heather**
zurückhaltend		**Larch, Mimulus, Water Violet**
Zutrauen	– hat wenig Zutrauen in die eigenen Leistungen – glaubt nicht an sein Glück – **hat** kein Zutrauen zu anderen Menschen	**Larch** **Gentian** **Gentian, Willow**
Zweifel	– stellt sich und seine Leistungen in Frage – traut der eigenen Meinung nicht	**Larch, Pine** **Cerato**

Bach-Blüten-Portraits

Von Agrimony bis Willow – in den Beschreibungen der Bach-Blüten finden Sie Gemütszustände und dadurch bedingte Verhaltensweisen, wie sie bei Kindern am häufigsten vorkommen.
Nachdem Sie mit Hilfe des Repertoriums (Seite 30) Vorschläge für Bach-Blüten gefunden haben, sollten Sie sich in Ruhe mit der Beschreibung beschäftigen, um endgültig zu entscheiden, welche Blütenessenzen zu Ihrem Kind passen.

Die 38 Bach-Blüten

In diesem Kapitel finden Sie in alphabetischer Reihenfolge die Beschreibung der 37 Bach-Blüten und des Quellwassers (Rock Water), das der Einfachheit halber auch als »Blüte« bezeichnet wird. Um Ihnen die Auswahl der Blütenessenzen zu erleichtern, orientieren sich die Beschreibungen vorwiegend am kindlichen Verhalten.

Die Blüten stehen für bestimmte Gemütszustände

Jeder Blüte entspricht ein bestimmter Gemütszustand und das aus ihm resultierende Verhalten. Je nach Situation wird bei Ihrem Kind ein Verhalten vorherrschen, oder es zeigen sich mehrere Verhaltensweisen gleichzeitig. Entsprechend behandeln Sie mit einer oder mit mehreren Blüten. (Zubereitung und Einnahme Seite 72).

Es gibt Blütenessenzen, die sich sehr gut ergänzen. So wird ein Kind, das für sein dominantes Verhalten Vine braucht, meist auch intolerante Züge haben und deshalb zusätzlich Beech benötigen. Ein Kind, das sich nichts zutraut und dafür Larch bekommt, benötigt meist auch Mimulus gegen die Angst, sich zu blamieren.

Kleine Abweichungen sind möglich

Wenn Sie nun die Beschreibungen durchlesen, werden Sie Ihr Kind sicher in der einen oder anderen wiedererkennen. Eine Blüte kann auch dann zutreffend sein, wenn das Verhalten Ihres Kindes in dem einen oder anderen Punkt von der Beschreibung abweicht. Entscheidend ist die grundlegende Übereinstimmung. Sollten Sie am Ende des Kapitels mehr als neun passende Blüten gefunden haben, dann lesen Sie bitte, bevor Sie die Mischung zubereiten, den Abschnitt »Was tun bei Unklarheit« (Seite 75).

Agrimony – Odermenning

Viele Freunde beneiden Sie um Ihren pflegeleichten, immer fröhlichen Sprößling. Sie oder er ist eine richtige Betriebsnudel, das Telefon steht kaum still, weil so viele Kinder mit ihr/ihm spielen wollen. Daran gäbe es nichts auszusetzen, wenn die Beliebtheit nicht eine Schattenseite hätte: Ihr Kind gibt nämlich um des lieben Friedens willen leicht nach und vermeidet Streit (auch mit den Eltern) in einem Maße, daß es als konfliktscheu gelten muß. Über

12:54 K:03 T:025 abg 9.50 5
06
Blatt 1 21-12-04 12:55

Levante-Mariahilf
Mariahilferst. 88a
Tel:01/523 63 01
WWW.LEVANTE.AT

Tischrechnung

Tisch 3 R#:0006(Kellner 3.)

1 Küche 0,01	6.90	6.90
1 Bier 0.3	2.60	2.60

total 9.50

MwSt10% aus	6.90	0.63
MwSt20% aus	2.60	0.43

Sorgen redet es ungern (bei großem Kummer vergleiche Sweet Chestnut). Es schwindelt auch schon mal, wenn es so einer Diskussion entgehen kann, und gibt eigene Gefühle sicherheitshalber nicht preis. Im Schulalter taucht manchmal ein neues Problem auf; das Kind albert und kaspert herum, will andere zum Lachen bringen und stört damit den Unterricht. Die Ursache dafür ist sein Streben nach Popularität und Anerkennung. Diese Kinder wirken oft nervös und unruhig und scheinen ständig unter Hochspannung zu stehen. Allein bleiben sie nicht gern, denn dann könnten sie eigene Ängste und Kümmernisse spüren.

Ich bin meist fröhlich, doch wie´s drinnen ausschaut…

■ Wenn Sie Ihrem Kind helfen wollen, mehr Offenheit zu entwickeln, sich selbst mitzuteilen, seine Sorgen und Schwierigkeiten zuzugeben und nicht immer hinter einer munteren Fassade zu verbergen, dann geben Sie ihm die Blütenessenz Agrimony. Sie fördert Ehrlichkeit und das Zulassen eigener Schwächen und stärkt die Bereitschaft, sich Konflikten zu stellen.

Zitterpappel

Aspen – Zitterpappel

Neigt Ihr Kind zu Alpträumen, ist es leicht zu erschrecken? Braucht es zum Einschlafen immer etwas Licht? Reagiert es auf fremde Menschen oder neue Situationen leicht ängstlich oder ablehnend, obwohl kein Grund vorhanden zu sein scheint? Kinder mit diesem Verhalten verfügen über eine Sensibilität, durch die sie überaus empfänglich sind für die Signale aus ihrer Umgebung. Ihre Wahrnehmungen können sie aber oft nicht verstehen und verarbeiten, das führt dann zu vagen, unterschwelligen Ängsten. Manche Kinder neigen auch zum Schlafwandeln, sprechen häufig im Schlaf oder schreien nachts plötzlich auf.

Ich habe Angst, weiß aber nicht wovor

■ Mit Hilfe der Blütenessenz Aspen stärken Sie die Fähigkeit Ihres Kindes, die ängstigenden Eindrücke besser zu verarbeiten, seine diffusen Ängste zu überwinden und sich dadurch sicherer zu fühlen. Ideal ergänzen können Sie Aspen mit Mimulus und Rock Rose.

Beech – Rotbuche

Ihr Kind scheint für sein Alter besonders klug zu sein; niemand kann ihm leicht etwas vormachen, und manches Mal haben Sie schon gelacht über seine gelungene Imitation der Nachbarin. Aber es macht Ihnen doch Sorge, wie schnell es andere Kinder »doof« findet, und es ablehnt, mit ihnen zu spielen. Manchmal scheint es ihm niemand recht machen zu können, spöttisch und überkritisch findet es immer ein Haar in der Suppe. Auch kleine Vertreter dieser Gruppe neigen schon zum Nörgeln und lehnen alles Fremde ab. Der Teller mit einem unbekannten Essen wird angewidert zur Seite geschoben, ohne daß überhaupt probiert wurde. Mit Geschenken oder Mitbringseln sind sie schnell unzufrieden. Natürlich wissen sie alles besser als andere Kinder (vergleichen Sie zum altklugen Verhalten: Heather). Äußerungen wie »Das find ich aber blöd« oder »Der Johannes lernt doch nie Tennisspielen« deuten auf die Ansätze von Intoleranz hin, die in diesen Kindern stecken. Bei ihnen muß man besonders aufpassen, daß ihr Hang zum vorschnellen Urteil nicht durch unbedachte Äußerungen im Familienkreis bestätigt wird.

Ich habe immer was zu meckern

■ Die Behandlung mit der Blütenessenz Beech kann verhindern, daß sich der intolerante Anteil im Wesen Ihres Kindes fixiert. Statt dessen wird es trotz seiner scharfer Augen für die Schwächen anderer Menschen Mitgefühl und Toleranz entwickeln können. (Vergleichen Sie zum Gefühl, man sei besser als andere und müsse sie daher beherrschen: Vine, zum Leugnen eigener Schuld: Willow).

Centaury – Tausendgüldenkraut

Sind Sie unglücklich darüber, daß Ihr Kind sich von anderen ausnützen und unterdrücken läßt? Es gibt scheinbar willig sein Spielzeug her, läßt andere auf seinem Fahrrad fahren oder von den Hausaufgaben abschreiben. Erleben Sie immer wieder, daß es sich leicht überreden läßt zu gefährlichen oder offensichtlich verrückten Unternehmungen? Haben Sie den Eindruck, daß es Konflikten ausweicht? So kann sich eine Unfähigkeit äußern, »nein« zu sagen (vergleichen Sie Agrimony). Aus Angst vor Sympathieverlust oder Ablehnung durch andere ordnen sich diese Kinder freiwillig unter.

Ich tu´ alles, damit Ihr mich liebhabt

Tausendgüldenkraut

Auch später neigen sie zum Duckmäusertum und zur Überarbeitung im Beruf. Zu Hause sind sie ausgesprochen brav, widersprechen kaum, sind quasi pflegeleicht.

■ Die Behandlung eines solchen Kindes mit der Blütenessenz Centaury sollte relativ frühzeitig beginnen, um zu verhindern, daß es sich zu einem unsicheren, angepaßten Jasager entwickelt. Centaury unterstützt die Fähigkeit »nein« zu sagen. Zusätzlich sollten Sie als Eltern Ihrem Kind immer wieder zu verstehen geben, daß es auch anderer Meinug sein kann, ohne dadurch Ihre Liebe und Zuneigung zu verlieren. Ermuntern Sie Ihr Kind zum Austragen von Konflikten, indem Sie selbst hierfür positive Beispiele geben.

Cerato – Bleiwurz

Ich kann mich nicht entscheiden

Schon bei kleinen Kindern zeigt sich die für die Blütenessenz Cerato typische Entscheidungsschwäche.
Ob es nun darum geht, Schokolade- oder Vanille-Eis zu nehmen, einen Spielzeugtraktor oder ein Flugzeug zu kaufen: stets hinterfragen diese Kinder ängstlich ihre Entscheidung, überlegen hin und her und sind auch hinterher nicht sicher, ob sie das richtige ausgesucht haben. Sobald sie sprechen können, beginnt bei ihnen die Fragerei »was soll ich jetzt spielen, wie soll ich das machen, was soll ich anziehen«. »Mama, was soll ich machen« heißt es hundertmal am Tag.
Sie wirken unsicher und unselbständig und scheinen sich vor Verantwortung zu fürchten. Aufgrund ihrer Unsicherheit sind sie durch andere leicht zu überzeugen und übernehmen schnell Verhaltenweisen anderer Kinder. Ein Mangel an Spontaneität kann die Kinder selbst sehr belasten und sich später dahingehend auswirken, daß sie zu Mitläufern oder von dominanten Partnern (und Familienmitgliedern) leicht »untergebuttert« werden.

■ Wenn Sie Ihrem Kind eine lebenslange Unsicherheit und Angst vor Entscheidungen ersparen wollen, dann sollten Sie es mit der Bach-Blütenessenz Cerato behandeln. Damit helfen Sie ihm, besser auf die eigene innere Stimme zu hören und auch bei Entscheidungen auf sie zu vertrauen. (Bei Mangel an Selbstvertrauen vergleichen Sie Larch.)

Cherry Plum – Kirschpflaume

Ich kann mit meinen Gefühlen nicht umgehen

Cherry Plum hilft in akuten Fällen, wenn ein Kind vor lauter aufgestauter innerer Spannung zu platzen droht wie ein zu fest aufgepumpter Luftballon. Meist geschieht dies bei sehr emotional veranlagten Kindern, von denen kontrolliertes und diszipliniertes Verhalten verlangt wird. Leider müssen Kinder im Alltag ihre spontanen Gefühlsäußerungen sehr häufig unterdrücken. Manche Kinder tun sich schwerer als andere, lautes Kreischen vor Freude und impulsives Herumgehopse zu unterdrücken, und werden deswegen häufig getadelt. Der entstehende Gefühlskonflikt kann zu einem psychischem Überdruck führen, der sich in Wutanfällen, hysterischem Schreien und ähnlichen Temperamentsausbrüchen (scheinbar aus heiterem Himmel) entlädt. Auch Alpträume, Stottern, Bettnässen und Nägelkauen gedeihen auf dem Boden dieser inneren Spannungen und der unbewußten Angst, den Gefühlen freien Lauf zu lassen.

■ Die Blütenessenz Cherry Plum kann den psychischen Überdruck abbauen, indem sie diese Angst mildert. Wichtig ist dabei die Unterstützung der Eltern, die trotz aller Disziplin ihren Kindern Raum für Gefühlsäußerungen geben und diese auch bei sich selbst zulassen sollten.

Chestnut Bud – Knospe der Roßkastanie

Wie jeden Morgen verläßt Ihr Kind das Haus mit fliegenden Fahnen, um vielleicht doch noch pünktlich zur Schule zu kommen. Zurück bleibt das helle Chaos, entstanden durch die allmorgendliche Suchaktion nach wichtigen Utensilien.
Sie haben schon -zigmal darüber gesprochen und stellen resigniert fest, daß Ihre liebevollen Bemühungen, mehr Ordnung in das

Knospe der Roßkastanie

Leben Ihres Kindes zubringen, bisher keinen Erfolg hatten. Andere Kinder gehen zwar morgens pünktlich aus dem Haus, haben aber Probleme in der Schule. Sie können sich schlecht konzentrieren, sind im Unterricht und bei Schulaufgaben unaufmerksam, so daß immer wieder Flüchtigkeitsfehler ihren Notenschnitt verderben.

Ich lerne nicht aus meinen Fehlern

Wieder andere Kinder scheinen zu leichtsinnig und sorglos mit sich und ihrem Eigentum umzugehen. Sie verlieren häufig etwas oder kommen immer wieder mit aufgeschürften Knien oder Prellungen nach Hause. Dieses Verhalten kann auch in anderen Varianten auftreten. Sie haben alle eines gemeinsam: eine Unfähigkeit, aus einmal gemachten »Fehlern« lernen zu können, eine gewisse Zerstreutheit und Unaufmerksamkeit.

■ Hier hilft die Blütenessenz Chestnut Bud. Sie stärkt die Wahrnehmung und die Aufmerksamkeit des Kindes für das eigene Verhalten und fördert seine Möglichkeit, Erfahrenes und Erlerntes entsprechend zu verarbeiten und im Gedächtnis zu verankern.

Chicory – Wegwarte

Kleine Kinder sind in ihrem Verhalten alle mehr oder weniger ichbezogen: sie wollen immer im Mittelpunkt der Aufmerksamkeit ihrer Eltern stehen. Doch es gibt auch einige Kinder, bei denen dieses Verhalten auffallend ausgeprägt ist. Sie neigen zum »Klammern« und wollen nicht alleine bleiben oder alleine spielen. Wenn Mama den Raum verläßt oder das Kind auch nur absetzen möchte, erhebt sich durchdringendes Protestgeschrei. (Beim Säugling siehe Behandlungsvorschlag, Seite 82).

Ihr müßt mich liebhaben

Oft bleibt dieses Verhalten auch bei älteren Kindern erhalten. Es äußert sich dann in einem starken Verlangen nach Zuwendung. Die Kinder wollen unbedingt Mamas oder Papas Liebling sein, neigen zu Selbstmitleid, sind empfindlich und beleidigt, wenn etwas nicht nach ihrem Kopf geht. Bei anderen Kindern, mit denen sie gerne zusammen spielen, versuchen sie unbewußt Macht auszuüben,

Blühende Wegwarte

indem sie sich unentbehrlich machen. Dazu verleihen sie ihr Spielzeug, hecken tolle Streiche aus oder lassen sie abschreiben. Sie mischen sich gern in fremde Angelegenheiten, sind sehr von der eigenen Meinung überzeugt und wirken daher weniger schüchtern als vielmehr selbstbewußt.

■ Mit der Blütenessenz Chicory können Sie Ihrem Kind helfen, den wichtigen Schritt vom »Ich« zum »Du« zu machen. Sie hilft, die Fixierung auf die eigene Person zu lösen und ermöglicht eine uneigennützige Hinwendung zu anderen.
Manchmal fällt die Unterscheidung zwischen Chicory und Heather schwer. Für Chicory typisch sind Selbstmitleid und das Verlangen, andere subtil, also eher unbemerkt zu beherrschen. Bei der Blütenessenz Heather dagegen steht die absolute Ichbezogenheit im Vordergrund, die kaum Beschäftigung mit anderen Menschen zuläßt.

Clematis – Weiße Waldrebe

Ich träume gern auch am Tage

Vielleicht sind Sie ganz froh, daß Ihr Kind so ein ruhiger Zeitgenosse ist. Solange es klein ist, fällt es vermutlich eher angenehm auf. Aber zunehmend macht es Ihnen doch Kummer, da es eigentlich immer ein bißchen abwesend und zerstreut wirkt, so als wäre es nicht ganz da. Diese Kinder sind sensibel, verträumt und bauen gern Luftschlösser. Im Schulunterricht denken sie bevorzugt an schöne Dinge und malen sich den nächsten Geburtstag oder interessante Spiele aus. Wenn sie dann aufgerufen werden, schrecken sie zusammen und können die gestellte Frage nicht beantworten. Es ist ihnen dabei aber gleichgültig, was Lehrer oder andere Kinder über sie denken. Sie sind gern allein und wirken bei Hausaufgaben lustlos und unkonzentriert. Motivation scheint ihnen ganz zu fehlen, und entsprechend fallen ihre Noten aus. Auch praktische Tätigkeiten liegen diesen Kindern nicht besonders, man gewinnt den Eindruck, sie hätten zwei linke Hände. Dafür sind sie sehr phantasievoll und oft künstlerisch begabt.

■ Wenn Sie Ihr Kind ein wenig in die Gegenwart holen wollen, damit es »wach« wird und konzentriert seine Umwelt wahrnimmt, dann geben Sie ihm die Blütenessenz Clematis, die seine Aufmerksamkeit für das Hier und Jetzt schärft und dem Kind hilft, eine gesunde Beziehung zur Realität zu entwickeln.

Crab Apple – Holzapfel

Ich bin übertrieben sauber und ordentlich

Im allgemeinen überwiegt die Zahl der Kinder, denen die Eltern mühevoll Ordnung und Sauberkeit beibringen müssen. Aber es gibt auch eine Minderheit, die bereits als kleine Stöpsel auffallend ordentlich und genau sind. Der Trieb zum Aufräumen, das genaue Stapeln der Spielsachen im Regal wird von Eltern und Besuchern meistens positiv bewertet und amüsiert beobachtet. Kleine Kinder, die häufig verlangen, schmutzige oder klebrige Hände zu waschen, zeigen damit allerdings ein eher auffallendes Verhalten. Dazu gehört auch eine starke Abneigung gegen Schmutz, die bis zum Ausflippen wegen eines Flecks auf dem T-Shirt gehen kann.

Holzapfel-Blüten

Die Eltern sollten das übertriebene Sauberkeits- und Ordnungsbedürfnis nicht verstärken, indem sie es belohnen. Besser ist es, das Kind zu ermuntern, in dieser Beziehung auch mal etwas lockerer zu sein, auch mal verschwitzt und klebrig zu bleiben (vorausgesetzt, es besteht dabei keine Erkältungsgefahr).

■ Um zu verhindern, daß sich aus diesen Kindern Reinlichkeitsfanatiker entwickeln oder klein(lich)e Pedanten, die anderen mit ihrer überkorrekten, pingeligen Art auf die Nerven gehen, sollten sie rechtzeitig mit der Blütenessenz Crab Apple behandelt werden. Auch Kindern, die sich verzetteln, die sich nicht entscheiden können, was für sie wichtig ist oder nicht und was sie als nächstes machen müssen, hilft diese Blüte (denken Sie bei diesem Verhalten auch an Chestnut Bud).

Elm – Ulme

Die Behandlung mit Elm spielt erst dann eine Rolle, wenn Kinder selbstständige Leistungen erbringen müssen.
Wenn Ihr Kind ein intelligenter, fleißiger Schüler ist, dem normalerweise alle Aufgaben recht leicht fallen, kann es trotzdem in eine Situation kommen, in der plötzlich mehr verlangt wird. Beispielsweise hat es ein Referat übernommen, und zunächst lief die Vorbereitung planmäßig. Plötzlich überfällt Ihr Kind jedoch das Gefühl, es nicht zu schaffen. Mutlos und voller Selbstzweifel kämpft es mit Versagensängsten und blockiert dadurch die eigene Leistungs- und Konzentrationsfähigkeit.

Ich habe plötzlich den Mut verloren

Bei manchen Kindern taucht diese plötzliche Mutlosigkeit auch auf, wenn eine Schulaufgabe zu schreiben ist, obwohl es eigentlich mit dem Lernstoff keine Probleme gab.

■ In solchen Fällen hilft Elm Ihrem Kind, den akuten Zustand von Mutlosigkeit und Versagensängsten zu überwinden und wieder Vertrauen zu seinen Fähigkeiten zu schöpfen, die es ja oft genug schon bewiesen hat.

Gentian – Herbstenzian

Leider finden sich bereits unter Kindern Pessimisten, die stets mit negativer Erwartungshaltung in die Zukunft schauen. »Ach morgen wird es bestimmt regnen, wenn wir zum Schwimmen gehen wollen«, oder »Wir kriegen dies Jahr bestimmt nicht die nette Sportlehrerin« sind typische Gedanken dieser Kinder. Sie sind leicht entmutigt, wenn etwas nicht auf Anhieb klappt.
Das Erlernen neuer Fähigkeiten wie Schwimmen, Fahrradfahren, Stricken und dergleichen kann zum Problem werden, wenn sie nicht gleich gute Fortschritte machen. »Das lern ich nie« ist dann häufig die resignierte Reaktion auf Mißerfolge, Stricknadeln und Schlittschuhe landen in der Ecke.
Auch in der Schule zeigen die Kinder wenig Willenskraft und Ausdauer, wenn sie bei der Stange bleiben müssen, um eine Fremdsprache zu erlernen oder Matheregeln zu verstehen. Vor Prüfungen oder Schulaufgaben rechnen die kleinen Unken damit, daß es eine Fünf wird.

■ Die Blütenessenz Gentian kann Kindern helfen, ihre negative Grundeinstellung abzubauen und positiv in die Zukunft zu blicken. Gentian stärkt das Vertrauen, daß sich alles zum Besten entwickeln wird. Häufig besteht die negative Erwartungshaltung zusammen mit Minderwertigkeitsgefühlen, das heißt die Kinder trauen sich selbst nichts zu und erwarten deshalb von vornherein einen Mißerfolg. Entsprechend gering ist der Wille zum Kämpfen und Überwinden von Schwierigkeiten ausgeprägt. In diesen Fällen sollte die Blütenessenz Gentian ergänzt werden mit Larch.

Ich bin ein kleiner Pessimist

Eltern von pessimistischen Kindern neigen oftmals selbst zu einer negativen Haltung dem Leben gegenüber und haben die Kinder entsprechend geprägt. Vielleicht besteht hier auch für Sie Behandlungsbedarf mit Gentian.

Gorse – Stechginster

Es gibt unglücklicherweise eine große Anzahl von Kindern, die schon in frühen Jahren das Gefühl von Hoffnungslosigkeit kennenlernen. Meistens leben sie in sogenannten schwierigen Familienverhältnissen mit Problemen, die ihnen Leid und Qual bereiten, denen sie aber nicht entkommen können. Dazu gehören vor allem körperliche Mißhandlungen, finanzielle Nöte und ungerechte und lieblose Behandlung durch die Eltern. Aber auch bei einem sonst recht behüteten Kind können Unterdrückung durch Geschwister oder Schulkameraden ähnliche Auswirkungen haben.

Ich habe keine Hoffnung mehr

In vielen Schulklassen gibt es Kinder, die von der Gemeinschaft und sogar den Lehrern abgelehnt werden und sich rasch zu Außenseitern und Prügelknaben entwickeln. Je nach Sensibilität empfinden diese Kinder ihre Situation als hoffnungslos.

Zur Lösung dieser Probleme sind sie auf die Hilfe von Erwachsenen angewiesen. Eine solche Situation richtig zu erkennen, wird jedoch dadurch erschwert, daß die Kinder meist nicht über ihre Probleme reden. Sie wirken entweder still, bedrückt und in sich gekehrt oder fallen durch aggressives, lautes Verhalten auf, durch Widerstand gegen alle und alles und durch mangelhafte schulische Leistungen. Sollte Ihr Kind, aus welchen Gründen auch immer, in eine solche Ausnahmesituation geraten und Sie sich selbst damit überfordert fühlen, scheuen Sie sich bitte nicht, über eine Bach-Blütenbehandlung hinaus therapeutischen Rat einzuholen.

■ Die Blütenessenz Gorse kann Kindern auch in schwierigen Situationen ein Fünkchen Hoffnung ins Herz setzen, so daß sie neuen Mut schöpfen, eines Tages aus ihrer traurigen Lage befreit zu sein.

Heather – Heidekraut

Bei kleinen Kindern kennen und tolerieren wir alle ihren Egoismus, der Mutters oder Vaters ungeteilte Aufmerksamkeit fordert. Manchmal entwickeln sich daraus aber Verhaltensweisen, die behandlungsbedürftig sind. Dazu gehört, wenn Kinder unaufhörlich reden, sich bei allem, was Erwachsene tun, dazwischendrängen und Zetermordio schreien, wenn sie alleine bleiben sollen. Wenn hier nicht frühzeitig der Riegel vorgeschoben wird, können diese Kinder äußerst unbeliebte Zeitgenossen werden. Mehr und mehr entwickeln sich bei ihnen Eitelkeit und Geltungsbedürfnis. Sie brauchen ständig Publikum, neigen zum Angeben und scheinen keine Antenne für die Bedürfnisse anderer zu haben – anderen Menschen oder Tieren gegenüber sind sie wenig mitfühlend. Wenn sie erfahren, daß ein anderes Kind sein Turnzeug verloren oder in der Schule eine schlechte Note geschrieben hat, dann kommentieren sie – wenn überhaupt – mit Bemerkungen wie »*Ich* habe noch nie meine Turnschuhe verloren, *ich* habe aber eine Zwei im Aufsatz«. Andererseits fordern sie für sich unbedingte Zuwendung und Anteilnahme.

Heidekraut

Ich möchte immer im Mittelpunkt stehen

■ Um zu verhindern, daß sich aus diesen Kindern oberflächliche »Nervensägen« entwickeln, die nur schwer Freunde oder Partner finden, sollten sie so früh wie möglich mit der Blütenessenz Heather behandelt werden. Heather hilft dem Kind, mehr Sensibilität für andere zu entwickeln und sich aus der Fixierung auf die eigene Person zu lösen. (Zum Vergleich Chicory.)

Holly – Stechpalme

Haben Sie zu Hause ein kleines Rumpelstilzchen, das beim geringsten Anlaß in Wut gerät, schreit, Dinge in die Ecke wirft oder wie ein Berserker um sich schlägt? Müssen Sie zu Ihrem Bedauern feststellen, daß Ihr Kind ein kleiner Giftzwerg sein kann, der zu Rachsucht, Neid und Schadenfreude neigt?

Ich bin wütend und aggressiv

Oder beobachten Sie eine extreme Reizbarkeit bei ihm, die schnell in aggressives Verhalten umschlägt?

Dringend empfiehlt sich in diesen Fällen – für die die Blütenessenz Holly maßgeschneidert ist – die Suche nach den Gründen. Es ist schon möglich, daß Ihr Kind temperamentvoll und von der Anlage her ein Kämpfer ist. Aber wenn dieses Verhalten aggressive, grausame und ungerechte Züge annimmt, müssen wir uns immer fragen, warum verhält sich das Kind so? Oftmals ist auch dies ein erlerntes Verhalten. Vielleicht entspricht es auch Mutters oder Vaters Naturell, in Krisen leicht gereizt und aggressiv zu reagieren, und die Eltern müssen bei sich selbst etwas dagegen unternehmen.

■ Die Blütenessenz Holly hilft uns allen, negative Gefühle wie Neid, Aggression, Wut, Haß und Eifersucht abzubauen und statt dessen eine liebevollere Haltung anderen Menschen gegenüber zu entwickeln. (Vergleichen Sie bei Unruhe Impatiens, bei Intoleranz Beech.)

Honeysuckle – Geißblatt

Ich mag keine Veränderungen

Sie kennen das nur zu gut: Kaum wollen Sie sich von Ihrem Kind verabschieden, fließen die Krokodilstränen, egal wie kurz Ihre Abwesenheit sein wird oder wie gut Sie Sohn oder Tochter darauf vorbereitet haben. Das mag kein sehr »schlimmes« Verhalten sein, aber es ist auf die Dauer belastend für die Eltern und das Kind.

Die Kleinen gewöhnen sich im Kindergarten nur schwer ein und verbringen die erste Zeit dort mit Weinen. Zu Besuch bei den Großeltern, wo es ihnen eigentlich objektiv gesehen gut geht, klagen sie ununterbrochen über Heimweh.

■ In diesen Situationen braucht Ihr Kind die Blütenessenz Honeysuckle. Sie erleichtert dem Kind das Loslassen des Vergangenen und macht dadurch Platz für neue positive Eindrücke. (Bei Orts- oder Schulwechseln: Walnut).

Honeysuckle hilft auch älteren Kindern, wenn sie unkonzentriert in der Schule sind, weil sie sich mit Vergangenem beschäftigen. Ob es sich dabei nun um enttäuschende oder schöne Ereignisse handelt – Honeysuckle kann den Loslaß-Prozeß beschleunigen. (Bei Fixierung auf immer denselben Gedanken siehe White Chestnut.)

Weißbuche

Hornbeam – Weißbuche

Wenn sich Ihr Kind morgens oft unausgeschlafen und mufflig auf den Weg zur Schule macht, weil es das Gefühl hat, den Schultag kaum zu überstehen, dann denken Sie an die Blütenessenz Hornbeam. Auch wenn Kinder am Nachmittag dann müde und antriebslos vor den Hausaufgaben sitzen und irgendwie nicht so recht die Kurve bekommen, um endlich mit der Arbeit anzufangen, kann Hornbeam sehr hilfreich sein.

Ich fühl´ mich schlapp

■ Die Blütenessenz verhilft zu mehr geistiger Frische und Spannkraft, vor allem wenn Kinder unter der Monotonie von Schule und Alltag leiden. (Bei großer Erschöpfung vergleichen Sie bitte Olive, bei Apathie Wild Rose.)

Impatiens – Drüsentragendes Springkraut

Manche Menschen werden nicht erst durch stressige Berufe, Lärm, Umweltreize und zuviel Verantwortung zu Hektikern, sondern fangen schon früh damit an. Als kleine Kinder können sie nicht gut warten, werden dann ärgerlich und schreien.

Sobald sie sich allein bewegen können, hält es sie nicht lange an einem Ort, dauernd sind sie in Bewegung, dauernd ändern sie ihr Programm. Und schnell muß alles gehen! Wenn diese Kinder von Müdigkeit gepackt werden, kann es zu Wutanfällen kommen.

Es geht mir alles nicht schnell genug

Auch die älteren unter ihnen sind rasch in ihren Bewegungen und sprechen ziemlich hastig. Sie neigen zu überstürzten und impulsiven Entscheidungen und wirken oft reizbar, da sie so ungeduldig mit sich und anderen sind.
Weil sie sich in allen Dingen so wenig Zeit lassen, passieren ihnen häufig Flüchtigkeitsfehler. Wenn sie in Eile davonstürzen, zum Spielen, zum Sport, vergessen sie oft die Hälfte. (Vergleichen Sie bitte Chestnut Bud).

■ Die Bach-Blütenessenz Impatiens bringt mehr Ruhe und Gelassenheit in das Leben Ihres Kindes. Sie fördert die Entwicklung von Geduld im Umgang mit sich selbst und anderen Menschen. Motorische Unruhe und Hyperkinetisches Syndrom sind die schwersten Ausprägungen der diesen Kindern innewohnenden Ungeduld und Hektik und müssen auf jeden Fall fachmännisch behandelt werden.

Larch – Lärche

Kinder, denen die Blütenessenz Larch helfen kann, sind von Anfang an scheu und schüchtern. Mit zunehmendem Alter haben sie Angst, sich zu blamieren, deshalb sind sie in neuen Situationen oder im Umgang mit fremden Menschen sehr zurückhaltend. Bei Spielen mit anderen Kindern ordnen sie sich willig unter, weil sie sich selbst nichts zutrauen (vergleichen Sie Centaury).

Ich trau´mir nichts zu

Blütenstände einer Lärche

In der Schule, wenn es darum geht, eine Verantwortung freiwillig zu übernehmen, halten sie sich meistens zurück. Wenn eine neue Aufgabe schwierig wirkt, wagen sie sich nicht daran, das führt auch dazu, daß sie unangenehme Dinge vor sich herschieben.

■ Ursache für dieses Verhalten ist ein mangelndes Selbstwertgefühl, das sich leicht zu einem massiven Minderwertigkeitskomplex entwickeln kann. Um sein kleines Pflänzchen Selbstvertrauen zu stärken, sollten Sie Ihrem Kind die Bach-Blütenessenz Larch geben.

Genauso wichtig ist es, daß Sie als Eltern Ihr Kind unterstützen, seine Versagensängste zu überwinden. Dazu gehört, immer wieder den Anstoß für neue Unternehmungen zu geben, von denen Sie wissen, daß Ihr Kind sie schaffen kann, um so Schritt für Schritt sein Selbstwertgefühl zu heben. Dazu gehört beim Kleinkind, ihm nicht immer alles aus der Hand zu nehmen: Lassen Sie es in Ruhe ausprobieren, ob es einen noch höheren Turm bauen kann, auch wenn es sehr langsam geht und Ihnen dabei die Hände kribbeln. Dazu gehört auch, Ihr Kind so wenig wie nötig zu kritisieren, aber soviel wie möglich zu loben. In diesem Zusammenhang vermeiden Sie bitte, im Beisein des Kindes über seine Schwächen zu reden. Ihr Kind braucht Ihre unbedingte Zuwendung und Ihr Vertrauen, damit es sein Selbstvertrauen ausbilden kann.

Gelbe Blüten der Gauklerblume

Mimulus – Gefleckte Gauklerblume

Kinder zeigen ihre Ängste in den unterschiedlichsten Verhaltensweisen. Bei kleineren Kindern ist Weinen und Schreien die häufigste Form, mit der sie auf furchteinflößende Situationen reagieren. Denken Sie nur an das Protestgeschrei der wasserscheuen Kinder, die sich auf Papas Arm dem Planschbecken nähern. Vielleicht kennen Sie das Weinen und Jammern von Kindern, die alleine bleiben sollen und sich vor Gewitter oder der Dunkelheit fürchten. Für die Eltern ängstlicher Kindern sind auch Arztbesuche eine wahre Katastrophe. Das Kind weint, klammert sich an die Eltern und versteckt sein Gesicht vor dem Monster in Weiß.

Ich habe Angst vor...

Wenn diese Kinder älter werden, drückt sich ihre Angst differenzierter aus. Sie verhalten sich dann schüchtern und zurückhaltend. Vor allem in einer ihnen fremden Umgebung brauchen sie lange, bis sie auftauen.

Später neigen sie zum Erröten oder leiden unter Hemmungen, die ihnen und den Eltern das Leben schwer machen können.

Manche Kinder weigern sich aus Angst, in den Keller zu gehen oder verlangen, daß vor Sturm und Gewitter alle Türen und Fenster geschlossen werden.

■ Die Blüte Mimulus hilft ängstlichen Kindern, Mut und Tapferkeit zu entwickeln und Ängste besser auszuhalten und zu überwinden. (Vergleichen Sie bitte bei Ängsten ohne konkreten Grund Aspen, bei panischer Angst Rock Rose.)

Mustard – Ackersenf

Ich bin ein kleiner Trauerkloß

Bei Kindern, insbesondere bei kleinen, treten Phasen von grundloser Traurigkeit relativ selten auf. Trotzdem sollten Sie auch an die Blütenessenz Mustard denken, wenn Ihr Kind häufiger sehr ernst und melancholisch wirkt oder schlechte Laune hat, und alles desinteressiert über sich ergehen läßt. Ebenso, wenn Schlaflosigkeit oder Appetitlosigkeit scheinbar ohne Ursache auftreten.

Eiche

■ Die Blütenessenz Mustard wird die dunklen Wolken von Traurigkeit vertreiben, und Ihr Kind kann wieder zurückfinden zu seiner gewohnten Ausgeglichenheit. (Vergleichen Sie bei Apathie Wild Rose, bei starker Verzweiflung Sweet Chestnut.)

Oak – Eiche

Ich beiße die Zähne zusammen und halte durch

Das eher starrsinnige Verlangen, in einer aussichtslosen Situation durchzuhalten und keine Hilfe anzunehmen, aus Angst davor, Schwäche zu zeigen, werden wir bei Kindern kaum beobachten. Es ist mehr das »Privileg« der Erwachsenen. Deshalb spielt die Blüte Oak nach meiner Erfahrung bei der Behandlung von Kindern nur eine untergeordnete Rolle.

■ Sollten Sie jedoch an Ihrem Kind beobachten, daß es sehr ehrgeizig ist, dazu neigt, sich abzumühen und nicht bereit ist, Hilfe anzunehmen, auch wenn ihm »das Wasser bis zum Hals steht«, zum Beispiel bei der Bewältigung eines Schulproblems, dann denken Sie an die Blüte Oak. Auch wenn Ihr Kind in der Schule oder im Sportverein Aufgaben übernommen hat, die es überfordern und an denen es trotzdem festhält, kann die Blütenessenz Oak ihm helfen, seine eigenen Grenzen akzeptieren zu lernen und etwas von seiner Sturheit und Verbissenheit abzulegen, ohne sich dabei als Versager fühlen zu müssen.

Olive – Olive

Macht Ihr Kind zur Zeit einen ausgesprochen schlaffen und müden Eindruck? Wirkt es erschöpft, sieht es blaß aus und hat zu nichts Lust? Wenn es noch klein ist, liegt es vielleicht in einer Ecke und will in Ruhe gelassen werden oder quengelt dauernd, weil es vor Müdigkeit und Erschöpfung nichts mit sich anfangen kann. Ältere Kinder haben keine Ausdauer und Motivation, ermüden schnell, wirken desinteressiert und können sich zu nichts aufraffen. Auftreten können diese Zustände bei sonst zufriedenen und ausgeglichenen Kindern beispielsweise nach einer Krankheit oder bei mangelnder Nachtruhe.

Ich kann nicht mehr

Aber auch bei ständiger Überforderung ohne ausreichende Erholungsphasen zeigen sich Erschöpfungserscheinungen, zum Beispiel, wenn Kinder schon einen umfangreichen »Terminplan« zu absolvieren haben und dabei Spiel und Freizeit auf der Strecke bleiben, oder wenn sie abends zu lange vor dem Fernseher sitzen.

■ Die Blütenessenz Olive stärkt Ihr Kind körperlich und geistig und bringt es wieder auf die Beine. (Vergleichen Sie Wild Rose.)

Pine – Schottische Kiefer

Ein gutes Gewissen ist ein sanftes Ruhekissen! Entsprechend führen ständige Schuldgefühle oder die Angst, etwas falsch gemacht zu haben, schon bei Kindern zu Einschlafproblemen.

Das hätte ich noch besser machen müssen

Im Alltag sind diese Kinder bei der Erledigung ihrer Aufgaben übertrieben gewissenhaft und neigen zum Perfektionismus, aus Angst, Fehler zu machen. Sie sind sehr selbstkritisch und meistens mit ihren eigenen Leistungen nicht zufrieden, bei anderen drücken sie eher beide Augen zu. Wenn etwas nicht klappt, fühlen sie sich schnell schuldig und machen dann einen zerknirschten Eindruck. Tadel und Kritik durch Eltern oder Lehrer kann diesen Zustand noch verschlimmern.

■ Die Bach-Blütenessenz Pine normalisiert das übertriebene Gefühl Ihres Kindes, für alles verantwortlich zu sein, und stärkt die Fähigkeit, sich selbst auch mit Fehlern zu akzeptieren.

Rote Kastanienblüte

Red Chestnut – Rote Kastanie

»Mama, wo gehst du hin? Wann kommst du wieder? Warum ist der Papa noch nicht da?« Äußerungen dieser Art gehörten zum Wortschatz Ihres Kindes, seit es sprechen konnte. Die große Angst und Sorge um die Familie, die natürlich auch Geschwister einbezieht und sich bis auf die geliebte Katze erstreckt, ist schon bei Kindern anzutreffen.

Wie bei den Erwachsenen entspringt die zu enge Bindung an die Angehörigen jedoch fast immer einer tiefsitzenden eigenen Unsicherheit – von den wenigen Situationen abgesehen, in denen die Angst des Kindes durch schlimme Erlebnisse begründet ist (in solchen Fällen nehmen Sie Star of Bethlehem).

Ihr müßt immer bei mir bleiben

Kinder mit dieser Anlage haben Schwierigkeiten, sich auch nur für kurze Zeit von Vater oder Mutter zu trennen. Sie weinen und leisten Widerstand, wenn sie in den Kindergarten gehen oder auch nur eine Geburtstagsparty besuchen sollen, oder wenn die Eltern alleine verreisen und sie bei den Großeltern zurücklassen. (Vergleichen Sie bitte Mimulus und Honeysuckle).

■ Mit der Bach-Blütenessenz Red Chestnut helfen Sie Ihrem Kind, die überstarke Bindung an die Eltern zu reduzieren und eigene Sicherheit und Selbstständigkeit aufzubauen.

Gelbes Sonnenröschen

Rock Rose – Gelbes Sonnenröschen

Fast jedes Kind erlebt irgendwann einmal panische Angst, die sich deutlich an seinem Verhalten zeigt: Das Kind zittert, weint oder schreit laut und klammert sich schutzsuchend an die Eltern. Oder es wirkt wie versteinert, flüchtet sich in eine sichere Ecke, hält sich Augen und Ohren zu. Der Auslöser muß nicht immer ein auch für Erwachsene dramatisches Ereignis sein. Kinder können beim Erwachen aus einem Alptraum, bei Gewitter oder großer Furcht vor dem Nachbarshund oder dem Zahnarzt so reagieren.

Ich habe fürchterliche Angst

■ Rock Rose, ein Bestandteil der Notfalltropfen (Seite 77), hilft den panischen Aspekt der Angst zu lindern und wird deshalb fast ausschließlich zur Beruhigung in akuten Fällen verabreicht.
Rock Rose kann aber auch Bestandteil der persönlichen Mischung Ihres Kindes über längere Zeit werden, wenn es immer schnell in Panik gerät, leicht übererregbar ist, hysterisch reagiert und allgemein ein »schwaches Nervenkostüm« hat (vergleichen Sie mit Aspen und Mimulus).

Rock Water – Quellwasser

Bei der Behandlung von ganz kleinen Kindern kommt die Essenz Rock Water relativ selten zum Einsatz.
Im Kindergarten, noch deutlicher in der Schule zeigt sich dann das für Rock Water typische Verhalten. Dazu gehören auffallende Disziplin und der Hang zum Perfektionismus. Wenn solche Schulkinder zum Beispiel ihre Zeichnungen nicht sauber genug finden, dann machen sie sie noch einmal. Nicht aus Angst vor Kritik, sondern aus dem inneren Bedürfnis heraus, alles möglichst perfekt zu haben. Aus demselben Grund neigen sie zur Unzufriedenheit mit den eigenen Leistungen, sei es im Sport oder in der Schule.

Ich will alles 150%ig machen

Sie sind sehr ehrgeizig, untröstlich über schlechte Noten und gehören zu den wenigen Kindern, die erst nach »getaner Arbeit« Spaß am Spiel haben. Zuverlässigkeit und pflichtbewußtes Verhalten machen sie zu Musterschülern, die zwar anderen als Vorbild hingestellt werden, aber durch ihre strenge Art selten Freunde gewinnen. Eltern, die ihren Sprößling ob seines Pflichtbewußtseins loben, vergessen zu leicht, daß er auf dem besten Weg ist, sich zu einem unbeliebten Perfektionisten zu entwickeln.
In späteren Jahren zeigt sich eine zunehmende Unflexibilität und Unzufriedenheit mit sich und der Welt, die diesen Kindern ihr Leben unnötig schwer macht.

■ Die Essenz Rock Water wirkt wie ein Weichspüler fürs Gemüt. Sie verhilft Ihrem Kind zu mehr innerer Freiheit, der Sicherheit, alles Menschenmögliche getan zu haben und sich danach auch entspannen zu können.

Scleranthus – Einjähriger Knäuel

Mir fehlt das innere Gleichgewicht

Schon als Ihr Kind noch klein war, neigte es zu Stimmungsschwankungen, war launisch, unausgeglichen und labil. Es konnte zunächst friedlich spielen und dann plötzlich ohne Grund anfangen zu weinen und zu toben. Auch im Krankheitsfall können die Symptome kommen und gehen oder ständig wechseln.
Im Schulalter zeigt sich dann der Mangel an innerer Balance in voller Ausprägung: Ähnlich einem Schiff auf hoher See schwanken die Kinder hin und her zwischen Meinungen, Gedanken, Entscheidungen. Sie haben deshalb Schwierigkeiten, sich zu konzentrieren oder auch bei einer bereits getroffenen Entscheidung zu bleiben. Am Vormittag können sie sich mit Anton zum Schwimmen verabreden, dann aber nach einem Anruf von Max mit diesem zum Fußball gehen. Nicht verwunderlich, daß sie im Ruf stehen, unzuverlässig zu sein.
In vielen Dingen wirken diese Kinder schusselig. Manchen Lehr- und Lernstoff, manche Anweisung der Eltern vergessen sie einfach, weil ihre Gedankensprünge ihnen das Zuhören erschweren (vergleichen Sie zum Vergessen unangenehmer Dinge Agrimony, zur Unkonzentriertheit Chestnut Bud).

■ Die Blütenessenz Scleranthus fördert in Ihrem Kind die innere Ausgeglichenheit und Entscheidungskraft. Damit fällt es ihm leichter, konsequent und konzentriert bei einer Sache zu bleiben.

Star of Bethlehem – Doldiger Milchstern

In Situationen von akuten körperlichen oder seelischen Verletzungen können Sie die Notfalltropfen (Seite 77) verwenden, die als einen Bestandteil Star of Bethlehem enthalten. Wenn Ihr Kind über einen längeren Zeitraum bedrückt oder traurig wirkt, nicht spielen oder essen mag, schlecht schläft, sich zurückzieht und Trost ablehnt oder einfach nur »herumhängt«, dann sollten Sie der persönlichen Mischung für Ihr Kind Star of Bethlehem hinzufügen. Vor allem, wenn der Zustand schon eine Weile besteht und zum Beispiel nach einer schweren Krankheit, einem Unfall oder einem für Ihr Kind besonders belastenden Ereignis aufgetreten ist (vergleichen Sie bei panischem Schreck Rock Rose).

Doldiger Milchstern

Ich brauche Trost

■ Die Blütenessenz Star of Bethlehem löst durch Schockerlebnisse entstandene psychische Blockaden. Sie verhilft Ihrem Kind wieder zu einem fröhlichen und unbeschwerten Verhalten.

Sweet Chestnut – Edelkastanie

Kinder sind wahrscheinlich häufiger verzweifelt, als wir Erwachsenen annehmen. Sie müssen oft Situationen ertragen, in denen sie leiden, ohne sich dagegen wehren zu können. Dazu gehören nicht nur Strafen in Form von Liebesentzug, das Gefühl, daß Geschwister bevorzugt werden oder daß ihre Eltern sie im Stich lassen, sondern auch körperliche Veränderungen, die die Kinder belasten.
Die Verzweiflung des Kindes zeigt sich, je nach Alter, in Weinen oder Schluchzen, in stiller Trauer oder abweisendem Verhalten. Auch bockiges Schweigen oder Äußerungen wie »laß mich in Ruhe, du kannst mir sowieso nicht helfen«, können Hinweise auf innere

Ich bin total verzweifelt

Verzweiflung sein. – Andere Kinder überspielen ihre innere Trauer mit übertriebener Fröhlichkeit nach außen.

■ Die Blütenessenz Sweet Chestnut hilft in den akuten Stadien von Verzweiflung, das Vertrauen zu entwickeln, daß sich diese trostlose Lage wieder zum Guten verändern wird. (Bei langandauernder Hoffnungslosigkeit vergleichen Sie bitte Gorse, bei Apathie Wild Rose).

Vervain – Eisenkraut

Ich will Dich auch begeistern

Das für die Blütenessenz Vervain typische Verhalten ist die große Begeisterungsfähigkeit der Kinder und ihr permanentes Bemühen, andere daran teilhaben zu lassen. In ihrer überschwenglichen Art lobpreisen sie ihr neues Fahrrad, das neue Haustier, die neue Musikkassette und können dabei geradezu nervig werden. Sie stehen unter ständiger Spannung, sind leicht reizbar und schnell in ihren Bewegungen. Beim Sprechen sprudeln sie oft so über vor Begeisterung, daß sie anfangen zu stottern (Vergleichen Sie zu Stottern den Behandlungsvorschlag Seite 85). Die Angewohnheit, abends nicht ins Bett zu wollen, kann Eltern zur Verzweiflung treiben: Die Kinder sind so voll von den Dingen, die sie erlebt haben, daß sie einfach kein Ende finden können. Sie wirken willensstark und handeln oft ohne lange nachzudenken. Eine Tendenz zum missionarischen Besserwisser ist häufig schon frühzeitig zu erkennen.

■ Natürlich wollen Sie aus Ihrem begeisterungsfähigen Kind keinen lahmen Mitläufer machen. Die Blütenessenz Vervain hilft ihm jedoch, besser zu spüren, wann es sich selbst oder andere mit seiner Begeisterung unter Druck setzt, und ein gesundes Mittelmaß zu finden. Statt andere mit seiner überschäumenden Art vor den Kopf zu stoßen, wird es lernen, seine guten Ideen konstruktiver anzuwenden.

Vine – Weinrebe

Sie gestehen es sich nicht gern ein, aber Ihr Kind ist ein richtiger kleiner Tyrann – der Schrecken der Familie und leider auch im Kindergarten oder in der Schule unzähmbar. Stets versucht es, seinen Willen durchzusetzen – wenn es nicht anders geht, auch mit Raufereien und Getobe. Andere Kinder müssen die von ihm vorgeschlagenen Spiele akzeptieren, sonst gibt es Krach. In Gruppen beanspruchen diese kleinen männlichen wie weiblichen Napoleone natürlich die Führungsposition. Sie mischen sich in die Angelegenheiten anderer Kinder, sind immer tonangebend und auch zu Hause sehr eigensinnig. Tadel und Kritik berühren sie wenig, sie wirken vom eigenen Wert und Handeln überzeugt. Autoritäten wie Eltern und Erziehern können sie sich schlecht unterordnen und akzeptieren nur ungern deren Vorschläge oder Anweisungen. Diese Kinder brauchen dringend Hilfe, um ihr Durchsetzungsvermögen in die richtigen Bahnen lenken zu können. Sonst laufen sie Gefahr, zu arroganten, skrupellosen, heillos unbeliebten Menschen zu werden.

Ich habe Recht und dulde keinen Widerspruch

■ Die Blütenessenz Vine hilft Ihrem Kind, die nötige Sensibilität und Akzeptanz anderen Menschen gegenüber zu entwickeln, die es im Leben brauchen wird.
Während der Trotzphase eines Kindes (Behandlungsvorschlag, Seite 84) kann die Blütenessenz Vine allen Beteiligten helfen.

Blühender Walnußbaum

Walnut – Walnuß

Ich muß mich neuen Situationen anpassen

Walnut gehört zu den universell einsetzbaren Blütenessenzen, die wirklich jedes Kind einmal brauchen kann. Sie erleichtert ihm den Schritt in einen neuen Lebensabschnitt, der mit emotionalen Ablöseprozessen verbunden ist. Dazu gehören der Eintritt in den Kindergarten und der Schulanfang. Aber auch Lehrer- und Schulwechsel, Umzüge und ähnlich einschneidende Veränderungen führen dazu, daß Kinder sich neuen Gegebenheiten anpassen und dafür Vertrautes und liebgewonnene Nähe aufgeben müssen. Walnut hilft auch jenen Kindern, die sich schwer in neuer Umgebung zurechtfinden, unsicher, empfindlich und leicht einzuschüchtern sind.

■ Walnut erleichtert grundsätzlich die immer wieder notwendig werdende emotionale Ablösung und gibt dem Kind Sicherheit und

Vertrauen darauf, daß jeder Neuanfang immer auch Schönes bereithalten wird.
Im körperlichen Bereich verbessert die Blütenessenz Walnut die Anpassung an neue Gegebenheiten. Beim Zahnen und in der Pubertät können die damit verbundenen Beschwerden behandelt werden.

Water Violet – Sumpfwasserfeder

Ich bin gerne allein

Herzlichen Glückwunsch: Sie haben eines der wenigen Kinder, die, wenn überhaupt, nur angenehm auffallen. In seinen Bewegungen ist es leise und ruhig, es macht am liebsten alles selbst, spricht und ißt ordentlich und sieht immer adrett aus. Aber es wirkt auch manchmal etwas gehemmt und kapselt sich gerne ab. Dabei scheint es seinen Wert zu kennen, wirkt in seiner selbstgewählten Einsamkeit nicht traurig, sondern eher hochmütig und stolz. Die Spiele anderer Kinder interessieren es nicht sonderlich.
Schon bei kleinen Kindern fällt auf, daß sie gut alleine bleiben und alleine spielen können. Sie wirken ein wenig menschenscheu und schüchtern.
Im allgemeinen wird Ihr Kind nicht unter diesem selbstgenügsamen Verhalten leiden, aber Sie als Eltern haben vielleicht Sorge, daß es sich zu einem Eigenbrötler entwickelt, der Hilfe ablehnt und auf andere arrogant wirkt. Wenn Sie spüren, daß Ihr Kind durch seine Kontaktarmut und zurückgezogene Art leidet, sollten Sie an die Blütenessenz Water Violet denken.

■ Water Violet holt das Kind aus seiner selbstgewählten Isolation, stärkt sein Interesse an anderen Menschen und fördert seine Kontaktfreudigkeit.

White Chestnut – Roßkastanie

Ein Gedanke läßt mich nicht los

Nicht nur Erwachsene, sondern auch Kinder können nicht einschlafen, wenn sich ihre Gedanken ständig im Kreise um ein Thema bewegen, zum Beispiel vor einer Schulaufgabe, »ob ich es schaffen werde«, oder nach einem Streit, »ob mich Vater oder Mutter noch liebhaben«. Tagsüber führt ein solches »Gedankenkarussell« dazu, daß sie sich beim Lernen oder in der Schule nicht konzentrieren können.

■ Die Blütenessenz White Chestnut hält das Gedankenkarussel an und stellt so den Zustand von Ruhe und gesitiger Klarheit wieder her, den Ihr Kind sowohl zum Entspannen als auch für die Konzentration auf neue Gedanken braucht.

Wild Oat – Waldtrespe

Ich weiß noch nicht wo's lang-geht

Bei der Behandlung von Kindern bis zur Pubertät spielt diese Blütenessenz keine Rolle. Weder Klein- noch Schulkinder in diesem Alter haben im allgemeinen selbst Entscheidungen zu treffen, von denen ihr weiterer Lebensweg abhängt. Erst später, wenn sich die Frage nach der Berufswahl stellt, wenn Jugendliche sich entscheiden müssen, welchem Partner sie sich zuwenden oder ob sie das Elternhaus bald verlassen sollen, können Situationen entstehen, in denen sie sich unsicher und unfähig fühlen, eine Entscheidung zu treffen. Sie wirken dann unzufrieden, haben eine Menge Ideen, können sich aber zu keinem Entschluß durchringen.

Duftende Hecken-rosen

■ In diesen Fällen kann die Blütenessenz Wild Oat helfen, innere Klarheit darüber zu gewinnen, was jetzt sinnvoll ist, um es dann zielstrebig in die Tat umzusetzen.

Wild Rose – Heckenrose

Mir ist alles egal

Machen Sie sich manchmal Sorgen, weil Ihr Kind oft einen so stillen, resignierten Eindruck macht? Schulkinder finden alles langweilig, haben keine Motivation zum Lernen und dafür das typische Null-Bock-Gefühl des Heranwachsenden. Die Kinder wirken häufig müde und abgeschlafft und haben die Tendenz sich abzukapseln. Ihr Gesicht zeigt einen eher abweisenden Ausdruck, Lächeln gehört zu den Ausnahmeerscheinungen.
Wenn Ihr Kind noch im Kindergartenalter ist, können Sie immer wieder beobachten, daß es sich sein Spielzeug wegnehmen läßt, ohne sich zu wehren, obwohl es körperlich dazu in der Lage wäre.

Diesem passiven Verhalten liegt eine tiefe Resignation zugrunde, die Ihrem Kind die Freude an Aktivität und am Leben nimmt. Frühkindliche Schockerlebnisse, Verletzungen im Gefühlsbereich durch die Eltern, der Eindruck »ich werde im Stich gelassen« und ähnliches können bei entsprechender Wesensart des Kindes zu diesem Verhalten führen. (Vergleichen Sie Gorse.)

■ Die Blütenessenz Wild Rose kann diesen müden, resignierten Kindern helfen, Lebensmut und Lebensfreude zu entwickeln. Am besten verwenden Sie ergänzend die Essenz Star of Bethlehem, die dazu beiträgt, daß die verletzenden Erfahrungen, die zur Resignation geführt haben, besser verarbeitet werden können.

Willow – Weide

Kinder, die diese Blütenessenz brauchen, neigen dazu, anderen schnell die Schuld zuzuschieben, wenn etwas schiefgeht. »Ich kann nichts dafür« oder »ich bin nicht schuld« sind für sie typische Äußerungen. Sie sind wehleidig und beklagen sich ständig über andere Kinder: »Der Andreas hat mir mein Spielzeug weggenommen«, »Die Anna hat mich gehauen«. Das geht bis zum Petzen, was ihnen viele Feinde macht, zumal sie sehr nachtragend sind.

Ich fühle mich immer als Opfer

Im Kindergarten oder in der Schule fühlen sie sich oft ungerecht behandelt und reagieren mit Anschuldigungen und Vorwürfen: »Die Maria darf das immer und ich nie« oder »Der Lehrer fragt mich immer die schwierigsten Sachen«.
Das Kind stellt sich meistens als »Opfer« dar, dem alle übel mitspielen. Hier müssen die Eltern positiv gegensteuern, damit später nicht ein unangenehmer Zeitgenosse aus ihm wird, der anderen nichts gönnt. Wichtig ist, diesen Kindern zu vermitteln, daß wir zu vielem, was wir erleiden müssen, unseren eigenen Beitrag leisten. (Vergleichen Sie zur Kritik an anderen Beech, zum mangelnden Mitgefühl Heather).

■ Die Blütenessenz Willow kann Ihrem Kind helfen, die angenommene »Opferhaltung« zu überwinden, indem sie die Entwicklung von Eigenverantwortlichkeit unterstützt. Das Kind wird damit fähig, zum eigenen Handeln und zum eigenen Versagen zu stehen.

Bach
Original
Flower Remedies
GORSE
Ulex europaeus
10ml
Bach
Original
Flower Remedies
HOLLY
Ilex aquifolium
10ml
Bach
Original
Flower Remedies
STAR OF
BETHLEHEM
10ml

Bach-Blüten richtig anwenden

Sie können alle Bach-Blütenessenzen, die Sie für Ihr Kind ausgewählt haben, miteinander mischen. Alles, was Sie dazu und für die Einnahme wissen müssen, finden Sie in diesem Kapitel. Neben den selbstgemischten Blütenessenzen können Sie bei Ihrem Kind auch jene Mischungen verwenden, die sich in meiner Praxis bewährt haben für häufig auftretende Problemsituationen von Säuglingen, Klein- und Schulkindern.

Zubereitung und Einnahme

Nachdem Sie eine geeignete Blüte oder Blütenmischung für Ihr Kind herausgesucht haben, können Sie mit der Behandlung beginnen. Eine Mischung können Sie entweder selbst herstellen oder von der Apotheke anfertigen lassen. Beachten Sie den Abschnitt »Wo sind Bach-Blütenessenzen erhältlich?« auf Seite 76.

Die Wasserglasmethode

In akuten Fällen

Bei akuten Erkrankungen, bei denen sich erfahrungsgemäß die Gemütszustände beziehungsweise Verhaltensweisen Ihres Kindes schnell verändern können, empfiehlt sich die Verabreichung der Blütenessenzen nach der »Wasserglasmethode«.

▶ Dazu benötigen Sie die Vorratsfläschchen (stock bottles) mit den ausgewählten Blütenessenzen. Von jeder Blütenessenz nehmen Sie je 2 Tropfen und lösen sie in einem 0,2 l Glas (normalem Wasserglas) mit frischem Leitungswasser auf. Lassen Sie Ihr Kind das Glas in kleinen Schlückchen innerhalb von 2 bis 3 Stunden austrinken. Bei Bedarf wiederholen Sie den Vorgang oder ändern die Mischung ab.

In allen anderen Fällen empfiehlt sich die Zubereitung einer Einnahmeflasche für Ihr Kind.

Vorbereiten der Einnahmeflasche

▶ Sie brauchen dazu: Die Vorratsfläschchen (stock bottles) der ausgewählten Blütenessenzen.

Ein lichtundurchlässiges 10-, 20- oder 30-ml-Fläschchen mit Tropfer oder Pipette als Einnahmeflasche (aus der Apotheke). Wenn Sie eine gebrauchte Fla-

In Fläschchen aus braunem Glas bleibt Ihre Mischung länger haltbar

sche wiederverwenden, kochen Sie sie bitte aus, bevor Sie eine neue Mischung hineinfüllen.

Verdünnen, Mischen, Aufbewahren

Zubereitung der Einnahmeflasche

Die Blütenessenzen werden im allgemeinen nicht direkt aus den Vorratsfläschchen (stock bottles) eingenommen, sondern im Einnahmefläschchen mit dem Wasser und dem Konservierungsmittel verdünnt.
Zum Konservieren der Mischung wird für Erwachsene 45prozentiger Alkohol (Brandy, Obstler) verwendet, für Kinder Obst- oder Himbeeressig.

▶ Bei einem 20-ml-Fläschchen nehmen Sie 2 Tropfen von jeder ausgewählten Essenz (3 Tropfen bei der 30-ml-Größe). Anschließend füllen Sie das Einnahmefläschchen zu drei Viertel mit Wasser und zu einem Viertel mit Essig.
Zum Aufgießen nehmen Sie möglichst frisches Wasser aus der Leitung oder Mineralwasser ohne Kohlensäure (kein destilliertes oder demineralisiertes Wasser verwenden).
Wenn Ihr Kind den Essiggeschmack ablehnt, können Sie die Essenz auch nur mit Wasser in einem kleineren Einnahmefläschchen (10 ml mit je 1 Tropfen jeder Essenz) mischen. Dieses Fläschchen sollten Sie dann im Kühlschrank aufbewahren.

Blütenmischungen

Sie können alle Blütenessenzen beliebig miteinander mischen. Die Anzahl der Blüten pro Mischung kann je nach Bedarf zwischen zwei und sieben schwanken. Zu Anfang einer Behandlung können bei Kindern manchmal auch bis zu neun Blüten erforderlich sein, bei Erwachsenen sind es manchmal bis zu zwölf.

Zwei bis sieben verschiedene Blüten

Sollten Sie mehr als neun Blüten für Ihr Kind gefunden haben, lesen Sie bitte den Abschnitt »Was tun bei Unklarheit?« (Seite 75).

Aufbewahrung und Haltbarkeit

- Die persönliche Mischung für Ihr Kind hält sich auch im lichtgeschützten braunen Einnahmefläschchen sechs bis acht Wochen und muß danach erneuert werden (siehe »Dauer der Behandlung« Seite 74).
- Mischungen ohne Konservierungsmittel halten höchstens eine Woche. Wenn sich Geschmack oder Aussehen der

Zubereitung und Einnahme

Mischung ändern, darf sie nicht mehr verwendet werden.

Haltbarkeit der stock bottles

● Die Vorratsfläschchen (stock bottles) mit den Blütenessenzen dagegen sind praktisch unbegrenzt haltbar und sollten an einem sicheren, lichtgeschützten Platz bei normaler Zimmertemperatur aufbewahrt werden.

Standard-Dosierung

▶ Geben Sie Ihrem Kind 4mal täglich 4 Tropfen aus dem Einnahmefläschchen mit einem Plastiklöffel. (Bei Säuglingen können Sie die Lösung auch direkt auf die Lippen träufeln.) Zur vollen Entfaltung sollte Ihr Kind die Tropfen einen Moment im Mund behalten.

● Geben Sie die Tropfen am besten morgens, mittags, nachmittags und abends mit etwas Abstand zu den Mahlzeiten.

● In akuten Fällen geben Sie Ihrem Kind die Essenzen nach der »Wasserglasmethode« (Seite 7).

Bach-Blüten können dem Kind nicht schaden

Sollte Ihr Kind aus Versehen einmal mehr Tropfen nehmen, machen Sie sich keine Sorgen, denn die Blüten sind völlig unschädlich und eine Überdosierung ist aufgrund der Wirkungsweise der Essenzen ausgeschlossen.

Dauer der Behandlung

Die Dauer der Behandlung mit einer Bach-Blütenmischung hängt von der speziellen Situation Ihres Kindes ab. Je akuter sein Zustand, desto schneller ist eine positive Veränderung zu spüren. In Notfällen und bei akuten Störungen helfen die Bach-Blüten schon innerhalb von Minuten oder Stunden.

Langsamere Besserung bei komplexeren Problemen

Bei schon länger bestehenden, tiefergreifenden Problemen, zum Beispiel Schlafstörungen, dauert es erfahrungsgemäß deutlich länger – manchmal bis zu einigen Monaten – bis eine stabile Besserung des kindlichen Befindens oder Verhaltens eintritt.

Nach drei oder vier Wochen sollten Sie eine erste Bilanz der Wirkung ziehen und gegebenfalls die Mischung wechseln, eventuell durch passende Blüten ergänzen oder die Behandlung abschließen.

Oft beenden Kinder die Behandlung von alleine. Sie haben ein gutes Gespür dafür, ob sie die Blüten noch brauchen oder nicht – dann vergessen oder verweigern sie plötzlich die Einnahme. Bitte akzeptieren Sie das und warten Sie die weitere Entwicklung des Kindes ab, ohne ihm die Mischung aufzuzwingen.

Wichtig

Grundsätzlich sollten Bach-Blüten nicht ständig eingenommen werden. Die Blüten selbst sind auch bei Dauergebrauch unschädlich, aber das permanente Einnehmen von Tropfen schafft unter Umständen bei Kindern die Vorstellung, sie müßten immer etwas nehmen, um sich gut zu fühlen. Auf diese Weise könnten Abhängigkeiten entstehen und die Hemmschwelle gegenüber der Einnahme von anderen, potentiell schädlichen Substanzen abgebaut werden.

Keine Wirkung, was nun?

Nach drei bis vier Wochen

Wenn Ihr Kind seit drei Wochen eine bestimmte Mischung einnimmt und Sie nicht die geringste Veränderung an ihm bemerken, dann kann das folgende Ursachen haben:

■ Die Mischung ist nicht die richtige. Überprüfen Sie bitte anhand des Repertoriums (Seite 30) und der Blütenbeschreibungen (ab Seite 44), ob Ihre Auswahl richtig war.

■ Das Kind ist nicht behandlungsbedürftig.
Es kann sein, daß sein Verhalten zu ihm und seinem »Lebensplan« (→ Seite 9) paßt.

■ Sie haben zuviel von der Therapie erwartet und deshalb kleinere Veränderungen nicht wahrnehmen können.

Probleme in der Familie

■ Und schließlich besteht die Möglichkeit, daß die Verhaltensweisen Ihres Kindes aus der familiären Situation heraus entstanden sind und sich ohne eine gleichzeitige Behandlung der Eltern und Geschwister nicht bessern können. Lesen Sie dazu nochmals den Abschnitt »Besonderheiten bei Kindern« ab Seite 14.

Auf jeden Fall sollten Sie nun nicht die Bach-Blütenessenzen generell als unwirksam abtun, sondern sich mit einem erfahrenen Behandler über das weitere Vorgehen beraten.

Was tun bei Unklarheit?

Bei der Auswahl der Blüten können erfahrungsgemäß folgende Schwierigkeiten auftreten:

■ Sie finden überhaupt keine Blüte, die zu Ihrem Kind paßt.

In diesem Fall scheint das Kind nicht behandlungsbedürftig zu sein.

■ Sie finden zuviele Blüten – das heißt mehr als acht oder maximal neun. In diesem Fall versuchen Sie bitte zu unterscheiden, welche Verhaltensweisen Sie schon länger an Ihrem Kind beobachten können und welche erst in der letzten Zeit dazugekommen sind.

Behandlung bei neu aufgetretenem Verhalten beginnen

Beginnen Sie die Behandlung mit den Blüten, die zu dem aktuellen Verhalten passen, und wenden Sie die übrigen Blüten in einer späteren Mischung an.

■ Sie fühlen sich allgemein noch unsicher im Umgang mit den Bach-Blüten und es fällt Ihnen schwer, für das spezielle Problem Ihres Kindes eine Mischung zu finden. Schauen Sie im Kapitel »Bewährte Mischungen« (Seite 79) nach, in dem für einige Situationen wie die Trotzphase oder Streit zwischen Geschwistern Behandlungsvorschläge gegeben werden.

■ Sie haben das Gefühl, Ihr Kind braucht dringend Hilfe, und Sie haben nicht die Zeit, sich mit dem Repertorium zu beschäftigen. Hier können Sie als »erste Hilfe« immer die Notfalltropfen einsetzen.

Wenn Sie bereits mit der Behandlung begonnen haben und keine Wirkung sehen, lesen Sie bitte den vorhergehenden Abschnitt »Keine Wirkung, was nun?«.

Wo sind Bach-Blütenessenzen erhältlich?

In Deutschland erhalten Sie die Bach-Blütenessenzen, einzeln oder als Set mit 38 Blüten rezeptfrei in den Apotheken. Verkauft werden die Bach-Blütenessenzen in Vorratsfläschchen, den sogenannten stock bottles, oder als in Einnahmefläschchen abgefüllte Mischung, die die meisten Apotheker nach Ihren Angaben zubereiten. Gebräuchlich ist der englische Name der Blüten. Notfalltropfen sollten Sie immer als stock bottle kaufen und selbst verdünnen.

Üblich sind die englischen Namen

● Taschen zur Aufbewahrung der Vorratsflaschen erhalten Sie bei: Homöopathie-Versand Gisela Holle, Dr.-Carl-von-Linde-Str. 21, 81479 München.

Die Notfalltropfen

Bachs Mischung zur Ersten Hilfe

Die Notfalltropfen (englisch *Rescue Remedy*) sind die einzige Mischung, die Dr. Bach selbst zusammengestellt hat. Sie enthält die fünf Blütenessenzen Star of Bethlehem, Rock Rose, Impatiens, Cherry Plum und Clematis. Diese für jede Form von »Erster Hilfe« anwendbare Mischung ist als fertiges Konzentrat in der Apotheke oder bei der auf Seite 76 genannten Adresse erhältlich.

▶ Eingenommen werden die Notfalltropfen nur in akuten Situationen, nicht über einen längeren Zeitraum. Sie können aber beliebig oft – mehrmals die Woche oder auch nur zweimal im Jahr – eingesetzt werden: Die Notfalltropfen sind frei von Nebenwirkungen.

Wann werden Notfalltropfen eingesetzt?

Bei allen plötzlich auftretenden Schock- oder Streßzuständen, die durch Unfälle, Verletzungen, Prellungen, Verbrennungen und ähnliches entstehen, leisten die Notfalltropfen »Erste Hilfe«, bevor Sie gegebenenfalls einen Arzt oder Heilpraktiker aufsuchen.

Auch bei seelischen Ausnahmezuständen

Doch »Notfälle« müssen bei Kindern nicht immer Unfälle oder ähnlich dramatische Ereignisse sein. Es kann das aufgeschlagene Knie ebenso sein wie alle seelischen Kümmernisse und Schockerlebnisse – die Begegnung mit einem großen Hund, eine unerwartet schlechte Schulnote, ein bevorstehender Zahnarztbesuch oder die Nachricht, daß die Freundin plötzlich lieber mit einer anderen spielt. Nicht die Tragweite des Ereignisses vom Blickwinkel des Erwachsenen aus ist entscheidend, sondern die Auswirkung, die es auf den Gemütszustand des Kindes hat.
Notfalltropfen haben sich bestens bewährt zum Abbau von Ängsten vor Schulaufgaben und Prüfungen.

Bitte beachten Sie

Die Notfalltropfen können eine notwendige medizinische Versorgung nicht ersetzen!

Bei Säuglingen sind sie ein vielseitig anwendbares Mittel gegen Unruhe und Ängste (vergleichen Sie auch Seite 80).

Wie werden Notfalltropfen angewendet?

1 Zur Einnahme lösen Sie bitte 4 Notfalltropfen in einem 0,2 l Glas (normales Wasserglas) in Leitungswasser, Saft oder Tee auf. Innerhalb der nächsten zehn Minuten lassen Sie Ihr Kind das Glas in kleinen Schlucken austrinken. Falls danach noch keine ausreichende Beruhigung eingetreten sein sollte, kann es ein zweites oder drittes Glas auf diese Art leeren.

Notfalltropfen sollten in keiner Hausapotheke fehlen

- Säuglingen geben Sie die in Wasser oder Tee gelösten Notfalltropfen in kurzen Abständen auf einem Plastiklöffel.

- Sie können auch ein Einnahmefläschchen bereiten. Geben Sie 4 Notfalltropfen in ein 20-ml-Fläschchen mit Tropfeinrichtung (aus der Apotheke) und füllen Sie es mit frischem Leitungswasser auf.
- Sie können 1 bis 2 Notfalltropfen auch direkt aus der stock bottle auf Lippen und Zunge träufeln oder vom Handrücken ablecken lassen. Bei Bedarf wiederholen.

Auch unverdünnt anwendbar

2 Zur äußerlichen Anwendung verwenden Sie einen Umschlag zur Linderung bei Verspannungen, kleineren Verbrennungen oder Verletzungen. Lösen Sie 6 Tropfen der Essenz, direkt aus der stock bottle, in $^1/_2$ l Liter Wasser und tränken Sie das Umschlagtuch darin.

Bach-Blütensalbe

Unter dem Namen Bach-Blütensalbe (englisch *Rescue cream*) ist eine Salbe auf Basis der Notfalltropfen erhältlich, die im Dr. Bach-Center in England hergestellt wird. Sie hilft bei allen äußeren Verletzungen (oder Insektenstichen, Sonnenbrand und ähnlichem), wie sie gerade Kindern so häufig zustoßen, schnell einen Heilungsprozeß in Gang zu setzen.

Bewährte Mischungen

Die Behandlung mit Bach-Blüten ist grundsätzlich eine individuelle Therapieform, das heißt, für jeden Patienten erfolgt die Auswahl der Blüten speziell zu seiner Situation und seinem Gemütszustand passend. Trotzdem habe ich mich entschlossen, im Rahmen dieses Buches einige in meiner Praxis bewährte Mischungen für häufig auftretende Problemsituationen bei Kindern vorzustellen. Dazu haben mich hauptsächlich folgende Gründe bewogen:

- Als Anfänger finden Eltern oft nur schwer die zu ihrem Kind passenden Blüten, und ein erfahrener Bach-Blütentherapeut ist sicherlich auch nicht immer in der Nähe.

Reaktionen, die sich von Fall zu Fall wiederholen

- Zum anderen habe ich in meiner Praxis beobachtet, daß bestimmte schwierige Situationen, mit denen Eltern und Kinder kämpfen, immer wieder aus ähnlichen Problemen heraus entstehen und deshalb im ersten Versuch mit den gleichen Mischungen behandelt werden können.
- Erwachsene sollten die zu ihnen passenden Blüten möglichst selbst aussuchen (oder mit Ihrem Behandler darüber sprechen) und sich dabei mit ihren Gemütszuständen und Verhaltensweisen auseinandersetzen. Dieser Prozeß der Selbstfindung ist wichtig, um den von den Bach-Blüten angestoßenen Heilungsprozeß aktiv zu unterstützen. Deshalb ist der Einsatz von »Fertigmischungen« bei Erwachsenen auf Dauer nicht erfolgversprechend (die Ausnahme bilden natürlich die Notfalltropfen, Seite 77).

Auseinandersetzung mit dem eigenen Verhalten

Bei Kindern bis etwa zur Pubertät liegt eine andere Situation vor. Hier wählen im allgemeinen Eltern oder Behandler die Blüten aus. Ein Prozeß der Selbsterkenntnis kann bei Kindern noch nicht erwartet werden; wie die Erfahrung zeigt, ist er auch nicht nötig, um einen Heilungserfolg zu erzielen. Natürlich kann es vorkommen, daß die vorgeschlagenen Mischungen Blüten enthalten, die vielleicht nicht genau zur Situation Ihres Kindes passen. Das ist aber nicht weiter tragisch, da die Blütenessenzen nur da wirksam werden können, wo der

Bewährte Mischungen

Veränderung nur in positiver Hinsicht

entsprechende Gemütszustand vorliegt. Wenn zum Beispiel eine Mischung eine Blüte gegen Heimweh enthält, Ihr Kind aber kein Heimweh hat, dann spielt diese Blüte für Ihr Kind keine Rolle und kann auch kein Heimweh erzeugen oder andere ungünstige Reaktionen hervorrufen.

▶ Sollten Sie andererseits das Gefühl haben, daß in einer der Mischungen eine für Ihr Kind wichtige Blüte fehlt, so zögern Sie nicht, die Mischung zu ergänzen oder auch einmal eine Blüte gegen eine andere auszutauschen.
Auf den folgenden Seiten stelle ich Ihnen Mischungen für Säuglinge, Kleinkinder und Schulkinder vor. Ergänzt werden die Behandlungsvorschläge mit Hilfen für den familiären Alltag und mit Blütenmischungen als Anregung für Sie, die Eltern.

Für den Säugling

Die ersten Wochen und Monate im Leben eines sich normal entwickelnden Säuglings sind ausgefüllt mit Trinken, Schlafen und dem Wahrnehmen der liebevollen Fürsorge seiner Eltern. Erkrankungen sind in diesem Alter eher noch die Ausnahme, Probleme wie Säuglingsschnupfen, Blähungskoliken oder beginnendes Zahnen stellen keine Besonderheit dar und können hervorragend mit homöopathischen Mitteln behandelt werden. In meiner Praxis setze ich die Bach-Blüten beim Säugling deshalb nur zur Behandlung von Schlafstörungen und Unruhezuständen ein.

Schlafstörungen

Vor der Geburt träumen die meisten Eltern davon, ein zufriedenes, ausgeglichenes Baby zu bekommen, das möglichst bald auch nachts durchschläft. Doch für viele Eltern endet der Traum nach kurzer Zeit: denn jede Nacht meldet sich ihr Sprößling lautstark in regelmäßigen Abständen und ist scheinbar durch nichts zu beruhigen.

Zunächst körperliche Ursachen ausschließen

Wenn trotz eingehender Prüfung keine körperlichen Ursachen wie Hunger, Blähungen oder wunder Po für das nächtliche Schreien erkennbar sind, dann liegt der Verdacht nahe, daß unverarbeitete Schockerlebnisse oder Ängste das Kind plagen. Schon während der Schwangerschaft bekommen die Ungeborenen mit, wenn die Mutter viel Aufregung hat oder sehr unter psychischem Druck steht. Ebenso kann die Geburt ein traumatisches Erlebnis für das Kind sein. Nicht zu unterschätzen ist auch der schädigende Einfluß einer Reizüberflutung aus der Umgebung, von Hektik und Lärm.

Ein Zuviel an Eindrücken kann belasten

Viele Säuglinge reagieren bei entsprechend sensibler Veranlagung mit Unruhe, Weinen und Alpträumen, aus denen sie schreiend erwachen. Dieses Verhalten kann sowohl tagsüber als auch nachts auftreten und ist für Sie als Eltern natürlich besonders belastend (»Hilfen für den Umgang mit Ihrem Säugling«, Seite 83).

Notfalltropfen in Tee oder Wasser geben

▶ Für diese Fälle gibt es die Notfalltropfen (Seite 77). Sie wirken tröstlich und lindernd auf die Psyche Ihres Kindes ein und helfen ihm, ängstigende Erlebnisse und Eindrücke leichter zu verarbeiten.

Nächtliche Unruhe

Eine andere Variante der Schlafstörungen des Säuglings ist nicht minder anstrengend und nervenaufreibend für die Eltern. Ich spreche von den Kindern, die, obwohl sie gesund sind, gerne die Nacht zum Tage machen. Viele Babys finden es wunderbar, nachts spazierengetragen zu werden, an Mutters Brust zu kuscheln, vielleicht sogar in ihr Bett zu kommen. Entwickelt hat sich dieser Zustand oft ganz harmlos dadurch, daß bei einer kleinen Unpäßlichkeit, einem Weinen im Schlaf die Überreaktion der besorgten Eltern dem Kind gezeigt hat, daß es sie auch nachts auf Trab halten kann. In solchen Fällen können Sie mit der folgenden Bach-Blütenmischung Ihrem Sprößling helfen, sich an einen normalen Rhythmus zu gewöhnen und auf die nächtliche Zuwendung verzichten zu lernen.

Für nächtliche Unruhestifter
Chicory: gegen den Zwang, Mutter immer ganz nah bei sich haben zu wollen
Heather: gegen das beständige Verlangen nach Aufmerksamkeit
Holly: damit das Kind nicht so leicht zornig wird
Impatiens: gegen die Ungeduld, wenn nicht sofort jemand kommt
Mimulus: gegen die Angst vorm Alleinsein
Red Chestnut: gegen die zu enge Bindung an die Mutter oder den Vater
Zubereitung und Einahme Seite 72.

■ Hilfen für den Umgang mit dem nächtlichen Schreien
Am besten ist es natürlich, Sie gewöhnen Ihrem Kind das nächtliche Treiben gar nicht

Bewährte Mischungen

erst an. Ist das jedoch bereits geschehen, heißt es, langsam zu reduzieren.

- Hat Ihr Kind körperliche Beschwerden wie Blähungen oder einen gespannten Bauch, braucht es ärztliche Hilfe.
- Nehmen Sie Ihren Säugling nicht mehr jedes Mal auf den Arm, sondern lassen Sie ihn im Bettchen und setzen Sie sich zu ihm.
- Wenn Sie zur Beruhigung bisher Milch angeboten haben, dann stellen Sie jetzt um auf einen leicht mit naturreinem, kaltgeschleudertem Honig gesüßten Kamillen- oder Fencheltee.
- Voraussetzung dabei ist, daß das Baby alt genug ist, um auf die nächtlichen Mahlzeiten verzichten zu können und keinen Hunger hat. Bedenken Sie, daß Kinder erst ab dem 9. Lebensmonat Honig bekommen sollten.

Für die übernächtigten Eltern
Cerato: zur Stärkung Ihrer Intuition, die weiß, was für das Kind richtig ist
Mimulus: gegen die Angst, etwas falsch zu machen
Olive: gegen körperliche und seelische Erschöpfung
Pine: gegen das Gefühl, nicht genug für das Kind zu tun
Red Chestnut: gegen die Überängstlichkeit um das Kind
Zubereitung und Einnahme Seite 72.

»Kleine Tyrannen«

Ein ähnliches Verhalten zeigen Säuglinge, die immer im Mittelpunkt stehen und den ganzen Tag unterhalten werden wollen. Solange Sie Ihr Baby auf dem Arm tragen, freut es sich und ist glücklich. Sobald Sie es hinlegen, setzt ein großes Geschrei ein. Auch hier ist es richtig, Ihren Säugling behutsam daran zu gewöhnen, daß zum Leben ein gewisser Frust gehört. Sie können Ihrem Kind diesen Prozeß mit einer Bach-Blütenmischung erleichtern.

Für kleine »Tyrannen«
Chicory: gegen das gesteigerte Bedürfnis nach Mutters Nähe
Heather: gegen das Bedürfnis, immer im Mittelpunkt zu stehen
Holly: gegen die aggressiven Gefühle
Impatiens: für mehr Geduld, wenn etwas nicht so geht, wie ich es möchte
Red Chestnut: gegen die zu enge Bindung an Mutter oder Vater
Vine: gegen das Bedürfnis, sich durchsetzen zu müssen
Zubereitung und Einnahme → Seite 72.

■ Hilfen für den Umgang mit dem kleinen Tyrannen
Versuchen Sie mit liebevoller Konsequenz Ihr Kind daran zu gewöhnen, daß es am Tag immer auch Zeiten gibt, in

denen es wach ist und sich mit sich selbst beschäftigen lernt. Hilfreich ist dabei sinnvolles altersgerechtes Spielzeug, wie Holzringe oder weiche Puppen.

Hilfen für den Umgang mit dem Säugling

Die Sorge beim ersten Kind ist ganz natürlich

Die ersten Wochen und Monate sind für die seelische Entwicklung Ihres Kindes besonders wichtig. Widmen Sie sich ihm deshalb mit zärtlicher Aufmerksamkeit. Besonders wenn es Ihr erstes Kind ist, sollten Sie sich gründlich informieren, was ein Säugling braucht, um sich wohlzufühlen (»Bücher, die weiterhelfen«, Seite 94).

- Vermeiden Sie alles, was Ihren Säugling erschrecken oder beunruhigen könnte. Dazu gehören laute Musik oder Stimmen ebenso wie viele Menschen, ständiger Ortswechsel, häufig wechselnde Bezugspersonen. Vor allem sensible Kinder haben Schwierigkeiten, das alles zu verarbeiten.
- Wenn Sie spüren, daß es Ihrem Kind nachts schlecht geht, dann versuchen Sie es zu trösten und zu beruhigen. Dazu muß es nicht immer sofort auf den Arm genommen werden, oft reicht es aus, wenn Sie an seinem Bettchen sitzen und Ihre Hand auf seinen Bauch legen. Es spürt dann Ihre Nähe, wird aber in seinem Schlafrhythmus nicht durch das Hochnehmen unterbrochen.

Vertrauen und Sicherheit müssen erst wachsen

Wenn Sie sich sehr ängstlich und unsicher im Umgang mit Ihrem Baby fühlen sollten, dann empfehle ich Ihnen folgende Mischung:

Für besorgte Eltern
Cerato: für mehr Vertrauen auf Ihren Instinkt, der Ihnen sagen kann, was Ihr Kind braucht
Gentian: für eine positive Grundeinstellung »es wird gut ausgehen«
Larch: für mehr Selbstvertrauen, daß Sie es richtig machen
Mimulus & Pine: gegen die Angst, etwas falsch zu machen
Red Chestnut: gegen zu große Angst um das Kind
Zubereitung und Einnahme Seite 72.

Für das Kleinkind

Die Jahre vom ersten alleine Sitzen bis zum Zahnwechsel ihres Kindes sind für viele Eltern die schönste, aber auch die aufregendste und anstrengendste Zeit.
Das Kind macht in dieser Zeitspanne zahlreiche Infekte durch, die als Lernprozeß der Abwehrkräfte zu sehen sind und deshalb möglichst ohne antibiotische Behandlung

durchgestanden werden sollten. Gleichzeitig entwickelt es sich zu einer kleinen unabhängigen Persönlichkeit, die vorsichtiger Formung, das heißt Erziehung bedarf (Seite 17).
Trotz liebevollen Bemühens von seiten der Eltern können in dieser Zeit der Entwicklung Situationen auftreten, die den Umgang mit dem Kind schwierig machen. Dazu gehören sehr häufig die Trotzphase oder das Stottern, die das Kind auch selbst belasten.

Trotzphase

Ein wichtiger Entwicklungsschritt

Um die Wende zum dritten Lebensjahr durchläuft jedes Kind normalerweise die Trotzphase. Diese Zeit erfordert von Eltern und Betreuern besonders viel Geduld und Verständnis. In der Begeisterung des Kindes, die eigene Persönlichkeit zu entdecken, schießt es oft über das Ziel hinaus und versucht stur seinen Willen durchzusetzen. Falsch ist der Ansatz, diesen Trotz mit Gewalt brechen zu wollen: Duckmäusertum und mangelnder Mut zur positiven Bewältigung von Problemen könnten die Folge sein. Eine sanftere Methode, dem Kind und sich selbst diese Phase zu erleichtern, bietet die Einnahme von Bach-Blüten.

Für kleine Trotzköpfe
Holly: zur Überwindung der Aggressivität
Impatiens: gegen Ungeduld
Vervain & Vine: gegen das Bemühen, immer den eigenen Willen durchsetzen und alle von sich überzeugen zu wollen
Zubereitung und Einnahme Seite 72.

■ Hilfen für den Umgang mit der Trotzphase
Machen Sie sich bitte bewußt, daß zur gesunden psychischen Entwicklung Ihres Kindes auch das Durchleben der Trotzphase gehört. Helfen Sie Ihrem Kind durch Ablenkung oder das Anbieten anderer Möglichkeiten, wenn es sich durch seinen Trotz oder sein Schmollen in eine Situation verrannt hat. Oft wirken die Kinder anschließend wie erlöst und dankbar. Denken Sie daran, daß Ihr Kind bei dem Versuch sich durchzusetzen keine bösen Absichten hat. Vielleicht hilft Ihnen dieses Wissen, die sich im Trotz äußernden negativen Aggressionen nicht allzu ernst zu nehmen.

Für die Trotzkopf-Eltern
Beech: für mehr Toleranz gegenüber kindlichen Äußerungen
Holly: für mehr Gelassenheit und den liebevollen Umgang
Impatiens: für mehr Geduld
Olive: für seelische und körperliche Kraft
Zubereitung und Einnahme Seite 72.

Stottern

Im Rahmen der Sprachentwicklung zwischen dem zweiten und vierten Lebensjahr kommt es bei vielen Kindern zu einem leichten Stottern. Die Freude über die Möglichkeit, sich ausdrücken zu können, führt oft zum »Übersprudeln der Worte«. Manchmal entwickelt sich aus dieser vorübergehenden Störung ein echter Defekt, wenn die Eltern, anstatt sie zu übergehen, das Kind darauf aufmerksam machen und es immer wieder verbessern. Dadurch wird sich das Kind des Stotterns bewußt und bekommt Angst davor. Genau diese Angst führt dann zu immer neuem Stottern.

Gelegentliches Stottern ist kein Anlaß zur Besorgnis

Eine andere Ursache ist die Konkurrenzsituation unter Geschwistern. Wenn ein Kind mit sprachgewandteren älteren Geschwistern kaum Zeit bekommt zum Erzählen, dann gerät es schnell unter Druck, möchte möglichst schnell sprechen und fängt an, sich zu verhaspeln. Auch hier kann sich durch falsches Verhalten der Eltern Stottern entwickeln.
Mit der folgenden Mischung können Sie den psychischen Druck des Kindes wirksam abbauen:

Gegen das Stottern
Chestnut Bud: als Lernhilfe
Gentian & Mimulus: gegen die Angst, daß es immer wieder passiert
Impatiens: gegen die innere Hektik beim Sprechen
Larch: für das Gefühl, des Sprechens mächtig zu sein
Vervain: zur Lösung der inneren Spannung beim Sprechen
Zubereitung und Einnahme Seite 72.

■ Hilfen für den Umgang mit dem Stottern
Wenn Sie feststellen, daß Ihr Kind anfängt zu stottern, dann übergehen Sie dies, ohne das Gesprochene des Kindes zu verbessern, versuchen Sie vielmehr Ihr Kind zu beruhigen und abzulenken. Widmen Sie Ihrem Kind mehr Aufmerksamkeit als bisher und sorgen Sie dafür, daß es im Kreise der Familie die Möglichkeit findet, in Ruhe zu erzählen.
Bei schon länger bestehendem Stottern braucht Ihr Kind auf jeden Fall eine logopädische (sprachtherapeutische) Behandlung.

Für das Schulkind

Mit dem Beginn der Schulzeit werden neue Anforderungen an unsere Kinder gestellt. Sie müssen lernen, sich in eine Gemeinschaft einzuordnen, den Drang nach Spiel und Spaß zu unterdrücken und Leistungen zu erbringen.
Manchen Kindern fallen vor allem der Schulanfang und die ersten Schuljahre schwer, bei anderen entwickeln sich die Schulprobleme später, zum Beispiel in der Pubertät.

Sanfte Überbrückung schwieriger Lebensphasen

Im folgenden finden Sie für einige häufig eintretende Situationen Hinweise auf passende Blüten beziehungsweise Blütenmischungen, die Ihrem Kind und Ihnen helfen können, auftretende Schwierigkeiten zu überwinden. (Zum Streit zwischen Geschwistern Seite 91.)

Schulängste

Immer wieder haben Kinder Angst vor der Schule. Oft sind das vorübergehende Zustände, ausgelöst durch Schulanfang oder bevorstehende Schulaufgaben (Prüfungsängste Seite 89). Wenn Ihr Kind zum Schulanfang oder Schulwechsel ängstlich ist und lieber zu Hause bleiben würde, versuchen Sie die erste Mischung:

Für den Schulanfänger
Gentian: für eine positive Einstellung dem Neuen gegenüber.
Honeysuckle & Red Chestnut: zum Lösen zu enger Bindungen an das Zuhause oder die alte Schule
Larch: für mehr Selbstvertrauen
Mimulus: gegen die Angst vor dem Neuen
Walnut: für einen guten Wechsel in die neue Lebensphase
Zubereitung und Einnahme Seite 72.

In einigen Fällen entwickelt sich die Angst jedoch leider zu einem Dauerzustand, etwa wenn das Kind sich überfordert fühlt oder Schwierigkeiten im Umgang mit anderen Kindern oder den Lehrern hat. Nur wenige Kinder sind sich ihrer Ängste bewußt und können darüber reden. Viel häufiger reagieren sie körperlich mit Schlafstörungen, Kopf- oder Bauchschmerzen. Bevor Sie die Bach-Blüten einsetzen, lassen Sie bitte abklären, ob nicht organische Störungen Ursachen für diese Beschwerden sind.

Gegen chronische Schulängste
Gentian: gegen eine negative Erwartungshaltung
Larch: für mehr Zutrauen zu sich und den eigenen Leistungen
Mimulus: gegen die Ängste zu versagen, von anderen nicht gemocht zu werden

Ergänzen Sie diese Mischung je nach Bedarf mit den folgenden Blüten:
White Chestnut: bei Schlafstörungen
Sweet Chestnut: wenn das Kind viel weint oder verstockt wirkt
Star of Bethlehem: wenn das Kind innerhalb der Klasse eine große Enttäuschung erlebt hat
Rock Water: wenn das Kind sich selbst durch zuviel Ehrgeiz unter Druck setzt
Vine & Beech: wenn das Kind in der Klassengemeinschaft auf Ablehnung stößt
Zubereitung und Einnahme → Seite 72.

■ Hilfen für den Umgang mit Schulängsten
Gerade bei länger andauernden Schulängsten ist ein klärendes Gespräch mit dem Lehrer erforderlich, das Mißverständnisse aus dem Weg räumen und Ihnen bei einer objektiven Einschätzung der Fähigkeiten und Probleme Ihres Kindes helfen kann.
Wenn die Schwierigkeiten mit dem Lernstoff oder den Schulkameraden unüberwindbar scheinen, sollte als letzter Ausweg ein Schulwechsel in Betracht gezogen werden. Bei einer solchen Entscheidung müssen selbstverständlich auch die Wünsche und Vorstellungen des Kindes einbezogen werden. Davon unabhängig sollten Sie sich fragen, ob Sie vielleicht durch eigene Wünsche und Vorstellungen Ihr Kind unter starken Leistungsdruck setzen. Oftmals ist der Ehrgeiz der Eltern das größte Handikap für eine kindgerechte geistige und seelische Entwicklung.

Lernschwierigkeiten

Die Ursachen für Lernschwierigkeiten sind sehr unterschiedlich. Manche Kinder können sich nicht ausreichend konzentrieren, anderen fehlt die Motivation oder die Ausdauer oder sie tun sich schwer beim Lernen, weil sie unterschwellig eine negative Erwartungshaltung haben und sich selbst keine Leistung zutrauen.

Entsprechend der Vielzahl der Möglichkeiten, die das Lernen eines Kindes behindern, finden Sie zu diesem Thema keine fertige Mischung, sondern Vorschläge mit Blüten, die am häufigsten in Frage kommen und die Sie nach Bedarf kombinieren können. In den meisten Fällen liegen ohnehin mehrere Ursachen gleichzeitig vor.
Bevor Sie sich entscheiden, welche Blüten Sie auswählen, versuchen Sie in einem möglichst emotionsfreien Gespräch herauszufinden, wo bei Ihrem Kind die Hauptursachen für seine Lernprobleme liegen.

Bewährte Mischungen

Bei Lernschwierigkeiten
Die Basis-Blüte bei Lernschwierigkeiten ist **Chestnut Bud.**
Sie können Ihrem Kind diese Blüte alleine geben. Meistens wird es jedoch sinnvoll sein, sie je nach Bedarf mit einer oder mehreren aus der folgenden Aufstellung zu kombinieren:

Agrimony: wenn Ihr Kind sich leicht ablenken läßt
Cerato: aus Unsicherheit ersetzt Ihr Kind in Schulaufgaben Richtiges durch Falsches
Clematis: wenn es verträumt ist, mit den Gedanken in der Zukunft weilt
Crab Apple: wenn sich Ihr Kind verzettelt
Gentian: wenn es keine Ausdauer hat, schnell aufgibt
Honeysuckle: wenn Ihr Kind sich zuviel mit Vergangenem beschäftigt
Hornbeam: wenn Ihr Kind Anlaufschwierigkeiten hat
Impatiens: wenn Ihr Kind unruhig ist und zu Flüchtigkeitsfehlern neigt
Larch: wenn ihm das Vertrauen in die eigene Leistung fehlt
Olive: wenn Ihr Kind unausgeschlafen ist oder erschöpft wirkt
Scleranthus: wenn Ihr Kind labil und sprunghaft ist
Wild Rose: bei fehlender Motivation
Zubereitung und Einnahme Seite 72.

■ Hilfen für den Umgang mit Lernschwierigkeiten

Das Wichtigste zuerst: Sparen Sie sich bitte alle Vorwürfe und Bestrafungen, sie helfen Ihrem Kind in den seltensten Fällen. Außerdem sollten Sie sich fragen, ob Sie vielleicht mit unbewußten Anforderungen an Ihr Kind Maßstäbe setzen, die von vornherein entmutigen oder frustrieren.

Prüfen Sie Ihre Ansprüche an das Kind

Da die Konzentrationsschwäche von Kindern heute die Hauptursache bei Lernproblemen ist, sollte die elterliche Hilfe vor allem hier ansetzen. Dazu gehört, daß Sie Ihrem Kind beibringen, immer nur eine Sache zu einer Zeit zu machen, also Schularbeiten ohne Radioberieselung, Essen ohne Fernsehen und so weiter. Am besten wirkt hier, wie immer, wenn die Eltern mit gutem Beispiel vorangehen! Je mehr wir nämlich parallel in unserem Kopf zu verarbeiten haben, desto ablenkbarer werden wir und desto schlechter können wir uns richtig und vor allem ausreichend lange mit einer Sache beschäftigen.

Alles zu seiner Zeit

Das Autogene und das Mentale Training (»Bücher, die weiterhelfen«, Seite 94) sind auch bei Kindern gute Möglichkeiten, die Konzentrationsfähigkeit zu steigern.

Prüfungsängste

Vielleicht kennen Sie die folgende Situation: Ihr Kind ist intelligent und fleißig und bereitet sich auf Schulaufgaben und Prüfungen immer gut vor. Doch Angst und Aufregung in der entscheidenden Stunde blockieren Ihr Kind so, daß es das Erlernte nicht voll einsetzen kann, und die Ergebnisse beziehungsweise die Noten fallen für alle enttäuschend und frustrierend aus. Dieser Ablauf ist typisch für Kinder, die das berühmte »Brett vorm Kopf« bekommen, sobald sie unter Druck geraten. Das heißt, wenn sie das Gefühl haben, sie müßten etwas schaffen oder besonders gut machen, dann versagen die Nerven. So entwickelt sich aufgrund der negativen Erfahrungen ein Teufelskreis: Die Angst davor, beim nächsten Mal wieder das gleiche zu erleben, verstärkt die Versagensängste. Und meistens geht es dann beim nächsten Mal tatsächlich wieder schief. Hier können die Bach-Blüten helfen, den Teufelskreis zu durchbrechen. In meiner Praxis hat sich dafür folgende Mischung bewährt:

Positive Erwartung verstärken

Gegen Prüfungsängste
Elm & Larch: zur Stärkung des Zutrauens zu den eigenen Leistungen
Gentian: zur Überwindung der negativen Erwartungshaltung
Honeysuckle: zum Loslassen der negativen Erfahrungen
Mimulus: gegen die Angst zu versagen und am Prüfungstag zusätzlich
Notfalltropfen: 3 – 4 Tropfen aus dem Vorratsfläschchen direkt auf die Zunge
Zubereitung und Einnahme Seite 72.

■ Hilfen für den Umgang mit Prüfungsängsten
Versuchen Sie herauszufinden, ob Sie nicht vielleicht indirekt und unbewußt zum Druck auf das Kind beitragen, zum Beispiel durch Anforderungen, denen Ihr Kind nicht gerecht werden kann. Stärken Sie sein Selbstvertrauen durch Lob und Anerkennung bei jeder nur möglichen Gelegenheit. Versuchen Sie mißbilligende Äußerungen oder Vorwürfe zu unterdrücken, die Ihnen auf der Zunge liegen, wenn Sie von schlechten Noten erfahren. Sprechen Sie Ihrem Kind stattdessen Mut zu, und zeigen Sie ihm, daß Sie es auch mit einer schlechten Schulnote mögen.

Bewährte Mischungen

Auffälliges Verhalten im Unterricht

Viele Eltern reagiern entsetzt und hilflos, wenn sie erfahren, daß ihr Kind den Schulunterricht stört, zum Beispiel durch ständige Blödeleien oder aggressives, unruhiges Verhalten, denn zu Hause verhält sich ihr Kind eher unauffällig. Andere Eltern wissen schon, was es bedeutet, wenn sie vom Lehrer aufgefordert werden, doch bitte zu einem Gespräch in die Schule zu kommen ...

Reaktion auf unverarbeitete Konflikte

Am besten ist es, nach einer solchen Nachricht selbst ein paar Notfalltropfen zu nehmen (Seite 77) und Ruhe zu bewahren. Dann sollten Sie sich klarmachen, daß auffälliges Verhalten von Kindern im allgemeinen nicht böser Absicht entspringt, sondern ein deutlicher Hinweis darauf ist, daß es Ihrem Kind psychisch nicht gutgeht.

Hier können die Bach-Blüten durch positive Beeinflussung der Gemütslage des Kindes wirksam erste Hilfe leisten.

Geht das auffällige Verhalten in Richtung Pausenclown, das heißt, Ihr Kind stört den Unterricht, indem es ständig zur Belustigung der anderen beiträgt, dann empfehle ich die erste Mischung:

Für Pausenclowns
Agrimony: gegen den Versuch, die eigenen Ängste hinter einer lustigen Fassade zu verbergen
Heather: gegen das gesteigerte Bedürfnis nach Popularität
Impatiens: gegen innere Unruhe
Larch: gegen Minderwertigkeitsgefühle
Sweet Chestnut: gegen unterschwellige Verzweiflung
Zubereitung und Einnahme Seite 72.

Fällt Ihr Kind dagegen durch große Unruhe und Aggressivität auf, dann sollten Sie mit der zweiten Mischung versuchen, seinen seelischen Ausnahmezustand zu lindern:

Für unruhige, aggressive Kinder
Cherry Plum: gegen die innere Spannung
Heather: gegen die Schwierigkeiten, sich einzuordnen
Holly: gegen die starken aggressiven Gefühle
Impatiens: gegen die innere Hektik
Larch: gegen Minderwertigkeitsgefühle
Star of Bethlehem: gegen seelische Verletzungen
Sweet Chestnut: gegen unterschwellige Verzweiflung
Zubereitung und Einnahme Seite 72.

■ Hilfen für den Umgang mit schwierigen Kindern

Auffällige Kinder empfinden häufig einen Mangel an Zuwendung und Anerkennung. Sie

fühlen sich unsicher und sind unglücklich. Vielleicht hat das auch mit Ihrem Verhalten zu tun. Scheuen Sie sich nicht, sich an einen Kinderarzt oder Erziehungsberater zu wenden, um in einem offenen Gespräch die familiäre Situation zu durchleuchten. Außenstehende finden oftmals Lösungen für die Probleme, die den unmittelbar Betroffenen aufgrund einer ganz natürlichen subjektiven Betrachtungsweise verborgen bleiben.
Gerade auffällige Kinder erfordern besonders viel Geduld und Liebe. Die folgende Mischung macht es Ihnen leichter:

Für die Eltern
Beech: für mehr Toleranz dem Kind gegenüber
Holly: gegen die Wut auf Ihr Kind
Impatiens: für mehr Geduld im Umgang mit dem Kind
Zubereitung und Einnahme Seite 72.

Keine Scheu vor therapeutischer Hilfe!

In schweren Fällen von Unruhe und Aggressivität, wie dem sogenannten Hyperkinetischen Syndrom, braucht Ihr Kind dringend therapeutische Hilfe, am besten in Form einer Familientherapie. Außerdem sollten dann nicht nur das Kind, sondern unbedingt auch Sie eine Bach-Blütenmischung einnehmen.

Streit zwischen Geschwistern

»Könnt Ihr nicht endlich aufhören, Euch zu streiten« ist eine Dauerklage in vielen Familien. Genervte Eltern reagieren hilflos, mit Schimpfen oder Bestrafungen auf die ständigen Auseinandersetzungen ihrer Sprößlinge. Häufig erhält dann das ältere (und damit ja klügere) Kind die Zurechtweisung, oder es werden alle am Streit Beteiligten bestraft, ohne vorherige Klärung, wieso es eigentlich zum Streit kam.
Es gibt unterschiedliche Gründe für den Streit zwischen Geschwistern: Verteidigung der eigenen Bedürfnisse, des eigenen Spielzeugs, Reaktion auf offene oder versteckte Familienprobleme, Ausprobieren dominanten Verhaltens und Konkurrenzsituationen.

Bach-Blüten helfen Kindern beim Aufbau harmonischer sozialer Beziehungen

Bewährte Mischungen

Konkurrenz zwischen Geschwistern

Gerade bei Geschwistern, deren Altersunterschied zwischen 2 bis 4 Jahren liegt, spielt die Konkurrenzsituation eine vorrangige Rolle. Durch die Geburt eines weiteren Kindes beginnt, traurigerweise oft unbemerkt von den Eltern, für viele Erstgeborene eine seelische Leidenszeit. Bisher waren sie wie kleine Prinzen oder Prinzessinnen der Mittelpunkt der Familie. Nun fühlen sie sich durch den Neuankömmling von ihrem »Thron« gestoßen und haben Angst, die Zuwendung und Aufmerksamkeit der Eltern zu verlieren. Je nach Verhalten der Eltern und Veranlagung des Kindes entwickeln sich dadurch mehr oder weniger starke Eifersucht, ja sogar Haßgefühle, die über viele Jahre das Verhalten des Kindes unbewußt bestimmen.

Die Stärke der Reaktion hängt vom Verhalten der Eltern ab

Es nutzt dann jede Gelegenheit, dem ungeliebten Konkurrenten »eins auszuwischen«. Daraus entstehen Getümmel und Geschrei, die meistens mit der Ermahnung des älteren Kindes enden. Dessen Groll wird dadurch sicher nicht kleiner, und es wartet auf eine neue Chance, um sich abzureagieren.
Häufig ist der Streit aber auch der ungeeignete Versuch des älteren Kindes, die verloren geglaubte Aufmerksamkeit der Eltern wieder auf sich ziehen zu können, und wenn es nur auf negative Weise ist!
Mit der Bach-Blütenmischung helfen Sie dem älteren Kind, seine Eifersucht, Verbitterung und Trauer zu überwinden und damit eine positivere Einstellung den jüngeren Geschwistern gegenüber zu entwickeln.

Für die Erstgeborenen
Beech: für mehr Toleranz dem jüngeren Kind gegenüber
Heather: gegen das Bedürfnis, weiterhin im Mittelpunkt stehen zu wollen
Holly: gegen die negativen aggressiven Gefühle
Star of Bethlehem: als Seelentröster gegen die erlittenen Zuwendungsverluste
Sweet Chestnut: gegen die Traurigkeit und Verzweiflung
Larch: für das verletzte Selbstwertgefühl.
Zubereitung und Einnahme Seite 72.

■ Hilfen für dem Umgang mit dem älteren Kind
Versuchen Sie ganz bewußt dem älteren Kind zu zeigen, daß Sie es genauso lieb haben wie das jüngere, indem Sie mit ihm schmusen und liebevoll aufmerksam auf seine Bedürfnisse eingehen. Schelte und Strafe verschärfen die Situation

und sollten in diesem Zusammenhang möglichst gar nicht eingesetzt werden.

Wenn der Streit vom jüngeren Kind ausgeht

Doch nicht immer ist das ältere Kind der Streithammel. Häufig können auch die jüngeren Geschwister kleine Biester sein, die die Aktivitäten des älteren Kindes behindern, ihm das Spielzeug wegnehmen wollen, Zeichnungen zerreißen und dergleichen. Das geschieht zwar nicht in böser Absicht, löst aber große Frustrationen beim älteren Kind aus, das dann entweder mit Geschrei oder mit Schlägen reagiert. In solchen Fällen sollten Sie beide Kinder mit Bach-Blüten behandeln.

Für den kleinen Störenfried
Chestnut Bud: als Lernhilfe
Heather: gegen das Ichbezogene, das Bestreben, alles haben zu wollen
Holly: gegen Neid und Mißgunst
Vine: gegen das Bestreben, sich um jeden Preis durchsetzen zu wollen

Für das ältere Kind
Beech: für mehr Toleranz
Holly: gegen aggressive Gefühle
Impatiens: für mehr Geduld
Star of Bethlehem: als Trost für den täglich neu zu verarbeitenden Frust
Zubereitung und Einnahme Seite 72.

Beim Spiel mit Gleichaltrigen lernen Kinder, Grenzen zu respektieren

■ Hilfen für den Umgang mit streitenden Kindern
Ergreifen Sie auf keinen Fall die Partei des jüngeren Kindes mit dem Argument, es sei noch zu klein, um die Situation zu verstehen! Auch sehr kleine Kinder können durch behutsame Konsequenz daran gewöhnt werden, daß nicht alles nach ihrem Kopf geht.
Bei gemeinsam benutztem Spielzeug achten Sie darauf, daß beide Kinder zu ihrem Recht kommen. Es wäre ungerecht, das ältere Kind immer zum Verzicht aufzufordern.

Zum Nachschlagen

Bücher, die weiterhelfen

Bach, Edward:
Blumen, die durch die Seele heilen; Hugendubel Verlag.

Bach, Edward:
Gesammelte Werke; Aquamarin Verlag.

Blome, Dr. med. Götz:
Das neue Bach-Blüten-Buch; Hermann Bauer.

Burck, Frances Wells:
Handbuch Baby; Mosaik Verlag.

Schmidt, Sigrid:
GU Kompass Bach-Blüten; Bachblüten für innere Harmonie; Gräfe und Unzer Verlag

Stellmann, Dr. med. H. Michael: *Kinderkrankheiten natürlich behandeln;* Gräfe und Unzer Verlag.

Sachregister

Haupttextstellen finden Sie auf **fett** gedruckten Seiten

GRÄFE UND UNZER VERLAG
Redaktion Partnerschaft & Familie
Postfach 86 03 25
81630 München
Fax: 089/41981-113
e-mail: leserservice@graefe-und-unzer.de

Impressum

Redaktionsleitung: Doris Birk
Redaktion: Doris Schimmelpfennig-Funke
Lektorat: Gesa Gunturu
Layout: Heinz Kraxenberger
Umschlaggestaltung: independent Medien-Design
DTP-Satz: Typodata, München
Herstellung: Ina Hochbach
Reproduktionen: PHG, Martinsried
Druck und Bindung: Appl, Wemding

Fotos:
Titel, Seite 6: Mauritius/Superstock
Umschlagrückseite Bavaria
S. 91: Heinemann
S. 42, 51: Hans Reinhard
S. 15, 70, 72, 78, 93: Michael Nischke
S. 45, 47, 49, 50, 54, 56, 57, 58, 59, 61, 62, 64, 66, 68: Manfred Pforr

ISBN 3-7742-1275-9

Auflage 11. 10. 9. 8. 7.
Jahr 2008 07 06 05 04